Andreas Sturm

Ich muss raus
aus dieser Kirche

Weil ich Mensch bleiben will

HERDER

FREIBURG · BASEL · WIEN

FSC
www.fsc.org

MIX
Papier aus verantwor-
tungsvollen Quellen
FSC® C014496

© Verlag Herder GmbH, Freiburg im Breisgau 2022
Alle Rechte vorbehalten
www.herder.de

Die Bibeltexte sind entnommen aus:

*Die Bibel. Die Heilige Schrift des Alten und
Neuen Bundes. Vollständige Ausgabe*
© *Verlag Herder, Freiburg im Breisgau 2005*

DIE BIBEL

Satz: Daniel Förster, Belgern
Herstellung: GGP Media GmbH, Pößneck

Printed in Germany

ISBN Print 978-3-451-03398-8
ISBN E-Book (EPUB) 978-3-451-83398-4
ISBN E-Book (PDF) 978-3-451-83399-1

Inhalt

GOTT IST LIEBE UND WER IN DER LIEBE BLEIBT,
DER BLEIBT IN GOTT UND GOTT BLEIBT IN IHM.

(1 Joh 4,16)

Mein Primizspruch, 23. Juni 2002

Statt eines Vorworts: Tohuwabohu – oder mein inneres Ringen

Für mich gab es immer nur die römisch-katholische Kirche. Das klingt jetzt so, als sei mir Ökumene nicht wichtig oder als glaubte ich, dass allein an der römischen Kirche die Welt genesen kann, aber dem ist nicht so. Es gab für mich immer nur die römisch-katholische Kirche und mein Leben in ihr und mit ihr.

2021 traten so viele aus unserer Kirche aus wie noch nie zuvor. Im Januar dieses Jahres übertrafen die Austrittszahlen noch einmal die Höchststände des Vorjahres. In einem Gespräch mit ein paar Priestern, in dem ich mein Entsetzen über diese Entwicklung äußerte, hörte ich jenen Satz zum ersten Mal: »Die Ratten verlassen das sinkende Schiff.« Die Ratten verlassen das sinkende Schiff! Dieser Satz hat sich zutiefst eingebrannt. Und jetzt? Jetzt verlasse ich auch das Schiff. Als Ratte?

Ich frage mich schon länger, ob nicht auch ich co-abhängig bin. Co-abhängig von dieser Kirche. Dieses Bild mit der Co-Abhängigkeit kam mir in den Sinn, weil mir immer und immer wieder Menschen schreiben: »Wegen Ihnen trete ich nicht aus der Kirche aus.« Doch kann ich das wollen? Seitdem mir dieser Gedanke mit der Co-Abhängigkeit in den Sinn gekommen ist, lässt er mich nicht mehr los. Es ist ein schwerer Prozess, sich diese Co-Abhängigkeit einzugestehen, denn dies bedeutet, dass Eltern oder die Partnerin oder der Partner ertragen müssen, dass der Abhängige total abstürzt; erst dann und vor allem erst dadurch kann etwas Neues beginnen. Ich würde das Kirche wünschen.

In den Tagen, in denen ich diese Zeilen schreibe, denke ich immer wieder über die beiden Absätze da oben nach. Was ist da passiert, zwischen »nur die römisch-katholische Kirche« und »die Ratten verlassen das Schiff«? Was ist in Kirche passiert, was ist in der Gesellschaft passiert, was ist in mir passiert? Ich war lange Teil dieser Kirche und zuletzt in der Hierarchie an einer der höchsten und einflussreichsten Positionen, die man in einer deutschen Diözese bekleiden kann. Ich war Generalvikar, erster Mann nach dem Bischof. Die Betonung liegt auf »ich war«.

Was also ist passiert? Zumindest für mich gab es nicht den einen großen Knall, den existenziellen Big-Bang, der so viel Energie freigesetzt hat, dass plötzlich für mich klar war, dass ich hier weg muss. Nein, es war ein langsamer Prozess und eigentlich ist es mir erst heute im Rückblick klar, dass es ein langer Weg einer Entfremdung war.

Es ist vieles, was es da zu nennen gibt.

Manchmal werden einem Worte, Sätze und Gedanken geschenkt. Da hört oder liest man etwas und denkt: Genau das ist es! Das passt und beschreibt die Sache oder das Gefühl oder die Stimmung gut. So ging es mir vor nicht allzu langer Zeit. Ich war bei lieben Freunden zum Essen eingeladen und es war ein toller Abend. Wir sprachen viel über all das, was mich gerade umtrieb. Meine Sorgen um die Kirche, meinen Weg, meine Ängste, aber auch meine Hoffnungen. Am Ende des Abends öffnete mein Freund noch eine Flasche Rotwein. Es war ein Rotwein-Cuvé und auf dem schwarzen Etikett stand in weißen Buchstaben das hebräische Wort *Tohuwabohu*. Als ich das las, dachte ich sofort: »Genau das ist es! Das beschreibt, was gerade bei mir los ist.« Weniger in der Übersetzung Martin Luthers, der das Wort mit »wüst und leer« übersetzte; mehr nach der Übersetzung Martin Bubers und Franz Rosenzweigs: »Irrsal und Wirrsal«.

Irrsal und Wirrsal: Das beschreibt meine inneren Kämpfe. Mein Ringen und die endlosen Gedankenschleifen, Ängste und Sorgen, die mir den Schlaf raubten und rauben, auch in den Tagen, in denen dieses Buch entsteht. Oft weiß ich am Ende selbst nicht mehr, was das Richtige ist.

Auch wenn ich all meine Gedanken im Gebet vor Gott bringen will, merke ich, dass ich es ordnen muss. Insofern will ich ganz ehrlich sein: Das ist alles auch Teil meiner Selbsterforschung, damit sich am Ende Irrsal und Wirrsal lichten und ich im besten ignatianischen Sinn zu einer guten Unterscheidung der Geister gelangen kann.

Es kommt aber noch ein zweiter Aspekt dazu, der mich bewegt hat, dieses Buch zu schreiben: Ich mache das nicht nur für mich. Auch für Familie und Freunde, für Menschen, die über meine Entscheidung entsetzt und enttäuscht sind, und für all jene, die es vielleicht eben auch interessiert.

Dies alles ist mein privates Ringen und mein ganz subjektives Erleben. Ich schreibe hier keine letzten Wahrheiten und keine Dogmen. Aber es ist ein Erleben, das viel über Kirche aussagt. Ich durfte Kirche erleben und ich musste sie erleben, zuletzt in einer Position und mit Aufgaben, die mir erlauben, einige Überlegungen anzustellen, die Probleme aufzeigen, Schwächen benennen, ohne so vermessen zu sein, zu glauben, alle Antworten zu haben. Ich werde daher schildern, wie mein Weg der Entfremdung war. Dieser Weg führt durch die verschiedenen Abschnitte einer traditionellen kirchlichen Sozialisation, wie sie heute immer seltener wird. Warum ich das tue? Weil ich glaube, dass daran deutlich wird, was verloren gegangen ist, nicht nur für mich, sondern für Hunderttausende andere. Und dass darin auch Antworten auf die Herausforderungen und Probleme der Kirche liegen, allerdings nicht mehr für mich. Denn ich werde dabei auch nachforschen, was ich hätte tun können, mehr hätte tun müssen, nicht zuletzt in meinem Amt als Generalvikar – und warum ich zwar Lösungen und Antworten sehe, aber nicht mehr daran glaube, glauben kann. Wenn ich hier an manchen Stellen noch »wir« schreibe, zeigt das, wie sehr ich noch an dieser Kirche hänge und dass ich ihr das Beste wünsche. Nur ohne mich. Ich will so meinen Glauben retten, ich will Mensch bleiben. Natürlich spreche ich denen, die bleiben, nicht das Menschsein ab, und auch nicht denen, die vor mir gegangen sind. Ich gehe, weil ich aufrecht und als ich selbst durch das Leben gehen will – und das konnte ich persönlich zuletzt nicht mehr. Andere mögen für sich zu anderen Konsequenzen kommen.

Und letztlich ist dieses Buch vor allem ein Ausschnitt meines Lebens, meiner Gedanken, meiner Ängste; aber auch ein Ausschnitt meiner Hoffnung und meiner Zuversicht. Und ich bin in all dem, was ich tue, ganz tief davon überzeugt, dass mein Leben in allem getragen ist von einem liebenden und barmherzigen Gott, der alle Wege mit mir geht.

Leben in der Bubble
und erste Entfremdungen

Ich weiß noch sehr genau, wie begeistert ich war, als der neue Weltkatechismus Anfang der Neunzigerjahre rauskam. Mich faszinierte, dass es auf jede Frage, jedes moraltheologische Problem eine klare Antwort gibt. Ja, das war nicht nur faszinierend, sondern auch irgendwie anziehend. Im Studium bemerkte ich zwar durchaus, dass und wie Glaube, Philosophie und Theologie zu ganz neuen, weiten Horizonten führen können und dass dieses kleinkarierte Katechismus-Denken nicht zu dem dort beschriebenen großen Gott passt. Doch noch hatte das keine Konsequenzen für mein Denken, Fühlen und schon gar nicht für mein Handeln.

In den Neunzigern war es auch, genau in der Mitte der Neunziger, als ich auf dem Mainzer Wochenmarkt von einem engagierten Mann der Bewegung *Wir sind Kirche* angesprochen wurde. Er wollte eine Unterschrift für das Kirchenvolksbegehren. Kein Regens oder sonst Vorgesetzter musste mir die Unterschrift damals verbieten; auf die Idee, zu unterschreiben, wäre ich selbst niemals gekommen. Für mich stand fest: Die Lehre war klar und Papst Johannes Paul II. hatte mit dem Apostolischen Schreiben *Ordinatio sacerdotalis* (*Die Weihe der Priester*) am 22.05.1994 die Frage nach der Priesterweihe der Frau letztgültig entschieden und machte damit, salopp gesagt, päpstlich den Deckel drauf. Für mich keine Sensation, was dann sonst?

In dieser Zeit, und davor schon und danach auch, verloren wir immer wieder gute Kollegen und Mitbrüder. Wir, also die Kirche. Sie hörten auf, sich zu engagieren oder traten aus, weil sie sich zu einer Frau oder zu einem Mann hingezogen fühlten und dies nicht heimlich tun, sondern sich offen und ehrlich zu einem Menschen bekennen wollten. Wir verloren dadurch großartige Seelsorger und gute Mitarbeitende – ins Grübeln brachte mich das zunächst noch nicht. Obwohl ich wusste, dass weder die Frage nach der Homosexualität noch die des Zölibats in der Bibel von Jesus verhandelt wurden, sondern von Paulus. Nur bei Paulus könnte man sagen. Doch damals kam mir auch das »nur« nicht in den Sinn, sondern ich verteidigte den Zölibat leidenschaftlich, obwohl ich schon im Seminar bei mir selbst und bei anderen erlebte, wie schwer sich dieses Versprechen halten lässt.

Ich spürte noch nicht oder wollte nicht spüren, in welcher Sonderwelt ich eigentlich lebte, in welche Bubble ich tiefer und tiefer eintauchte. Im Gegenteil: Was ich spürte und genoss, das waren beispielsweise die Blicke der Leute, wenn ich in Soutane vom Seminar in den Dom lief. Jesus selbst kannte diese Gefahr schon, als er seinen Jüngern erzählte, man solle sich vor jenen hüten, die lange Gewänder mit Quasten tragen. Ich blendete diese Warnung des Herrn (vgl. Mt 23,5 ff.) gekonnt aus. Als ich 2018 feierlich ins Domkapitel aufgenommen wurde, musste ich zuvor zwei Mal nach München zu einem Schneider. Hier wurde Maß genommen und sämtliche Eitelkeiten bedient. Dann noch einmal zur Zwischenanprobe: Der Schneider hatte einen kleinen Laden und die Anprobe fand im Verkaufsraum statt. Vor den Schaufenstern lief in diesem Moment eine asiatische Reisegruppe vorbei und einige von ihnen zückten direkt ihre Kameras, als sie mich sahen, und drückten ab. Sie machten Aufnahmen von mir in der Soutane bei der Zwischenprobe! Da wurde mir zum ersten Mal bewusst, wie grotesk dies alles ist – aus der Zeit gefallen und museal wie zum Beispiel Schloss Neuschwanstein oder andere Zeugnisse einer vergangenen Zeit.

Wie sehr aus der Zeit gefallen und wie wenig anschlussfähig an diese Zeit, das begann ich erst später zunehmend in der pastoralen Arbeit zu erfahren. Gerade in Lebensbrüchen bei Scheidungen oder der Aufgabe des Priesteramts tun wir uns als Kirche so unendlich schwer damit, gute und neue Wege aufzuzeigen, die die erfahrene Lebensgeschichte ernst nehmen und doch gute Aufbrüche ermöglichen.

Die beginnende Entfremdung erfuhr ich aber nicht nur bei den scheinbar »großen« Themen, sondern eben bei vermeintlichen Kleinigkeiten in der pastoralen Arbeit, die für die Menschen aber nicht Kleinigkeiten, sondern Teil des Alltags und damit ihres Lebens sind. Dazu gehört auch die Liturgie, die für mich lange Zeit unhinterfragt einfach verwendet wurde, ja, verwendet werden musste. Gleichzeitig erlebte ich in Vorbereitungssitzungen in der Zeit als Jugendseelsorger, wie wenig junge, aber durchaus auch ältere Menschen an Kirchen-Sprech andocken können.

Je älter ich wurde, je weiter ich in der Hierarchie aufrückte, desto weiter schritt auch die Entfremdung fort. Manches davon bemerkte ich nicht, manches schon und manches davon verdrängte ich. Als würde ich innere Brandherde austreten oder besser: abdecken und hoffen, dass ohne Luftzufuhr die Brände irgendwann von selbst erlöschen würden. Nur das taten sie nicht. Vielmehr wurden sie angefacht durch einen Brandbeschleuniger, der nicht nur bei mir, sondern bei Millionen Menschen kleine Brandherde zu einem Flächenbrand ausweitete.

Bei uns doch nicht, wir doch nicht: Wortlaute einer unendlichen Selbstlüge

Zum ersten Mal wurden wir Anfang der 2000er-Jahre mit dem Thema konfrontiert, dem Thema Missbrauch durch Geistliche. In der medialen Berichterstattung der USA begegnete dieses Thema auch der deutschen Öffentlichkeit immer öfter. Mir ist in diesem Zusammenhang noch sehr gut das Wort von Kardinal Karl Lehmann im Ohr, der 2002 voll der Überzeugung und mit einer gewissen Überheblichkeit auf die Frage von SPIEGEL-Journalisten, ob Missbrauch auch für die deutsche Kirche ein Thema sei, antwortete, dass wir uns nicht jeden Schuh in Deutschland anziehen müssten. Ich kann heute nicht mehr sagen, ob ich dem Kardinal damals glaubte. Der Mainzer Oberhirte war mir aus meiner Studienzeit im Mainzer Priesterseminar vertraut und ich schätzte die Art, wie er als Vorsitzender der Bischofskonferenz der Kirche in Deutschland ein sympathisches Gesicht gab. Dem Schock über die immer neuen Enthüllungen in den USA versuchte ich ohnehin dünne Erklärungsversuche entgegenzusetzen, um dieses Grauen des tausendfachen Missbrauchs mit meinem Bild einer lebendigen und weltzugewandten Kirche in Einklang zu bringen. Diözesen gingen pleite, Bischöfe und Kardinäle traten zurück, aber dass dies kein singuläres Phänomen in den USA war, kam mir damals nicht in den Sinn.

Erst als Pater Klaus Mertes SJ 2010 die Vorfälle am Canisius-Kolleg öffentlich machte, wurde mir klar, dass wir die gleichen Probleme hatten und haben. Aber auch da wollte ich es noch nicht wahrhaben. Ich war damals schon seit sechs Jahren in der kirchlichen Jugendarbeit tätig. Wir beschäftigten uns mit dem Thema »Kinder stark machen« und boten verpflichtende Präventionsschulungen an. Wir diskutierten über Schutzkonzepte und stritten über Formulierungen in einem Verhaltenskodex. Zugleich nahm ich die Kirche immer wieder in Schutz. Für mich war klar, dass Missbrauch in der Kirche unmöglich zu einem höheren Prozentsatz vorkommen konnte, als er das in der Gesamtgesellschaft tat. Diese Haltung las und hörte ich auch immer wieder von deutschen Bischöfen. Heute bin ich mir fast sicher, dass genau aus dieser Haltung heraus die MHG-Studie in Auftrag gegeben wurde: Man wollte damit das Thema ein für alle Mal beenden.

2018 im September, nur wenige Wochen nachdem ich als Generalvikar meine Arbeit aufgenommen hatte, wurden die Ergebnisse der Studie zuerst durch *Die Zeit* und später durch die Deutsche Bischofskonferenz zusammen mit den Forschern vorgestellt. Neben der Pressekonferenz in Fulda musste ich auch in Speyer vor Kameras und Mikrofone, um zu diesen schockierenden Ergebnissen Rede und Antwort zu geben. Das tat ich natürlich, es war ja jetzt meine Pflicht. Was ich damals noch nicht wusste: Mit der MHG-Studie ist in mir etwas zerbrochen. Natürlich hatte ich mir nicht eingebildet, dass die Kirche nur diese heilige und makellose Institution sei. Eine Institution aus Menschen, die zwar erlöst, aber eben doch auch Sünder sind, bringt auch immer wieder Fehler und Sünde hervor. Aber die schiere Zahl an Tätern und Opfern hat mich damals umgehauen. Ich konnte es nicht fassen. Zusätzlich entsetzte mich, dass oft nicht den Kindern geglaubt worden war und man nicht alles unternommen hatte, um die Täter dingfest zu machen, sondern dass es selbst jetzt noch darum ging, die Institution zu schützen. Und ich war nun als Generalvikar irgendwie das Gesicht dieser Institution! Einer Institution, die weltweit zigtausendfaches Leid den Kleinsten und Schwächsten der Gesellschaft angetan hat. Eigentlich war es zum Weglaufen. Ich habe in diesen Wochen an meine kleinen Nichten denken müssen: Wie hätte ich reagiert, hätte ihnen jemand etwas angetan? Und dann vielleicht noch einer, den ich als Mitbruder bezeichnet hätte?

Natürlich bin ich nicht weggelaufen. Ich habe mich daran festgehalten, dass wir aufarbeiten und diesen Sumpf trockenlegen mussten. Trotzdem war es mir peinlich, das Gesicht dieser Kirche zu sein. Schlimmer noch: Ich, der die Arbeit in der Jugendpastoral geliebt hatte, verlor die Unbefangenheit im Umgang mit Kindern, begann vor jeder möglichen Berührung zurückzuweichen, um bloß nicht mit den Tätern in einen Topf geworfen zu werden.

Mir fallen in diesem Zusammenhang viele verschiedene Erlebnisse ein: In den Sommerferien veranstaltete ich sowohl als Kaplan als auch als Pfarrer zusammen mit den älteren Messdienern eine Kinder- und Jugendfreizeit. Dabei gingen wir natürlich auch ins Schwimmbad und als Kaplan war ich ganz selbstverständlich mit den Kindern im Wasser. Mit meiner Größe war ich ein beliebtes Ziel, das es zu tunken und unter Wasser zu halten galt. Wir plantschen und prusteten im Wasser umher, wir hatten Spaß. Es war unbeschwert und einfach nur schön. Das war es. Als Kaplan. Als Pfarrer habe ich das nie gemacht, nie mehr gemacht. Ich hatte zwei Gedanken im Kopf, die mir das unmöglich machten: Zum einen wollte ich keine Situation schaffen, die irgendjemand von außen falsch verstehen könnte, nach dem Motto: »Was macht dieser Mann mit den ganzen Kindern da – ist der nicht Priester?« Zum andern wollte ich aber auch Kindern eine klare Distanz deutlich machen, denn wer weiß, vielleicht kommt nach mir ein Priester, der Täter ist, und nutzt die erfahrene Unbefangenheit aus. Vielleicht waren und sind das verrückte Gedanken, doch vielleicht auch nicht, angesichts der Taten und Täter im kirchlichen Umfeld. Jedenfalls gingen mir diese Gedanken durch den Kopf und damit war kein Platz mehr für das, was früher Jugendarbeit auch ausgezeichnet hatte: Unbefangenheit, Vertrautheit und Nähe. Und während ich das schreibe, spüre ich die Trauer und den Schmerz darüber, dass das so ist. Dass weder die Kinder noch die Seelsorger diese Erfahrungen mehr machen können. Dass wir eigentlich nicht einmal mehr die Begriffe in diesem Kontext verwenden können.

Etwas Ähnliches kommt mir in den Sinn, wenn ich an einen Kinder-Bibelkreis zurückdenke, ebenfalls in Landau. Die Gemeindereferentin hatte dieses Event wirklich zu einem Ereignis und einem großen Tag ausgebaut. Es waren um die einhundert Kinder da, von ganz klein bis etwa Ende der Grundschulzeit, und das ganze Pfarrheim voll, mit Kindern und Begeisterung. Mal wurde in Kleingruppen etwas erarbeitet, dann ging es zurück in den großen Saal zum Stuhlkreis. An irgendeinem Zeitpunkt kam ein kleiner Junge zu spät in den großen Kreis zurück und wir saßen schon alle. Mir fiel es nicht gleich auf. Er aber lief auf mich zu und setzte sich auf meinen Schoß. Ich schob ihn direkt wieder runter, stand auf und überließ ihm meinen Platz. Er schaute mich so verdutzt an und konnte das nicht verstehen, ich sehe seine fragenden Augen heute noch. Mal abgesehen davon, dass es sinnvoll ist, dass alle Kinder ihren eigenen Platz haben und es nicht angemessen ist, dass ein Kind bei einem »Wildfremden« auf dem Schoß sitzt – ich hatte damals fast Panik, dass auch das missverstanden werden könnte.

Habe ich in diesen und ähnlichen Situationen überreagiert? Wie gesagt, vielleicht, vielleicht aber auch nicht. Was ich sagen kann, ist, dass solche Erfahrungen zu jenen Brandbeschleunigern gehörten, die ich angesprochen habe, und nicht nur die Aufdeckung der Taten von Klerikern oder Ordensleuten. Rückblickend hängt dies sicherlich auch stark mit meinen Amerika-Erfahrungen zusammen: Als in den USA die ersten Fälle von Missbrauch bekannt wurden, erzählten mir Studienfreunde aus den USA in Telefonaten, wie sehr man nun Abstand zu Kindern halten müsse, damit einem ja nichts unterstellt werden könne. Auf diese Weise die Institution und, ja, auch mich selbst zu schützen – das war zunächst der erste Impuls und das auch bei mir. Zumindest zu Beginn. Eine Perspektive für die Opfer hatte ich noch nicht. Zumindest zu Beginn.

Blicke ich dahin und auf entsprechende Diskussionen zurück, schäme ich mich. Ich erinnere mich zum Beispiel, dass ich noch als Pfarrer in St. Ingbert (01/2015–06/2018) beim Thema »Missbrauch« in Diskussionen immer den Standpunkt vertrat, einem Mantra ähnlich, dass es Missbrauch in der Kirche durch Priester und andere Mitarbeitende gebe, aber zu einem Prozentsatz, der deutlich niedriger sei als der in der Gesamtgesellschaft. Ich war davon ehrlich überzeugt und es gab mir einen gewissen Halt. Und ich weiß auch noch gut, wie ich in Diskussionen gerne über das schlimme Ausmaß von Missbrauch in den USA schwadronierte und dies auf die dort, angeblich, weitverbreitete Prüderie zurückführte.

Wie sehr ich mich mit all dem irrte, erfuhr ich erst durch die Veröffentlichung der MHG-Studie. In diesem Augenblick stürzte mein Kartenhaus von Gewissheiten, Ausflüchten und Relativierungen zusammen. Meine Kirche war nicht besser als der Durchschnitt, sondern war um ein Vielfaches schlimmer. Oder wie Bischof Heiner Wilmer es einmal ausdrückte: »Der Missbrauch von Macht steckt in der DNA der Kirche.«

Ab dem Herbst 2018 begann ich, viele Berichte von Missbrauchsopfern zu lesen und es war auch die Zeit, in der zuerst Bischof Wiesemann und später auch ich uns immer wieder mit Betroffenen trafen. Ich war gerade erst zum Generalvikar ernannt worden. Manchmal fanden diese Treffen auch mit Angehörigen statt. Diese Gespräche waren erschütternd: Meist kamen Männer, die zum Teil meine Väter hätten sein können, deren Leben vollkommen zerbrochen war. Manchen war es nach den Erlebnissen in Kinderheimen nicht möglich, eine Ausbildung abzuschließen, und sie wurden seit Jahrzehnten immer von Angstzuständen geplagt. Andere lebten einige Jahre ganz normal. Plötzlich aber kamen all die schrecklichen Erfahrungen wieder hoch, ihre Ehen scheiterten, sie konnten ihren Berufen nicht mehr nachgehen, ein geregeltes Leben war schlichtweg nicht mehr möglich. Ich erinnere mich noch gut an eine alte Frau, die mit ihrem erwachsenen Sohn zu mir kam. Die Frau weinte bitterlich, weil sie es war, die ihren Sohn als Kind immer wieder in die Kirche geschickt hatte. Sie erwartete von ihm, zu ministrieren. Er wollte nicht. Aus Angst, dass der Pfarrer sich erneut an ihm vergreifen würde.

Oder: Eine geschiedene Frau vereinbarte ein Gespräch und berichtete mir dann, dass ihr Ex-Mann nicht in der Lage sei, seine eigenen Kinder zu berühren, sie in den Arm zu nehmen oder ihnen einen Gutenachtkuss zu geben – er hatte nachweislich Missbrauch durch seinen Heimatpfarrer erlebt. Auch ihre Ehe sei gescheitert, weil Nähe für ihn unerträglich war. Jetzt seien Enkel »auf dem Weg« und die Frau hatte große Angst, dass sich alles wiederhole und ihr Ex-Mann auch zu ihnen abweisend sein würde. Weil er es nicht anders konnte.

Ich fühlte mich bei all diesen Berichten so unendlich hilflos und gleichzeitig wütend. So oft habe ich mir gewünscht, dass in diesen Gesprächen ein Täter dabei wäre und er sich das alles anhören müsste. Aber nein, die meisten waren ja schon lange tot. Diese Leidensgeschichten verfolgten mich oft bis hinein in den Schlaf. Es war unerträglich und so unfassbar. Dazu kam ja, dass diesen Tätern meist gar nichts passierte. Den Betroffenen war schon als Kindern klar, dass ihnen niemand glauben würde – denn der Pfarrer kam ja für viele gleich nach dem lieben Gott.

In meinen Grundfesten erschütterte mich zusätzlich, dass viele Betroffene den Glauben an einen guten Gott verloren hatten: »Wo war Gott, als mich einer seiner Diener penetrierte?« Diesen Satz hörte ich nicht nur einmal von Betroffenen und er traf mich ins Herz. Diese meine Kirche hat den Priester so sehr entmenschlicht und ihn in die Nähe Gottes geschoben, dass mit dem Verbrechen durch den Priester auch der Glaube an diesen guten und liebenden Gott unterging. Mir fiel in diesem Zusammenhang die Schriftstelle aus Lk 17,1 f. ein: »Es ist unmöglich, dass Verführungen ausbleiben; doch wehe dem, durch den sie kommen. Besser wäre es für ihn, wenn ihm ein Mühlstein um den Hals gehängt und er ins Meer geworfen würde, als dass er einen von diesen Kleinen verführt.«

Mühlstein. Mühlsteine. Und gleichzeitig musste ich als Generalvikar finanzielle Forderungen der Betroffenen ablehnen oder zumindest deren Höhe reduzieren. Wieder und wieder landeten Schreiben von fassungslosen Betroffenen auf meinem Schreibtisch. Wir versuchten zwar gerade in der Anfangszeit »nachzusteuern« (was für ein furchtbar technobürokratisches Wort in diesem Zusammenhang…!), aber was hieß das schon? Was konnten wir denn ausrichten, um gar nicht erst von »wiedergutmachen« zu sprechen? Wir hatten die Pflicht, alles zu versuchen, doch wenn ein Leben immer an der Grenze zur Armut verläuft, wenn es komplett in die Brüche gegangen war, wenn man immer auf Hilfsleistungen angewiesen war und sein würde – dann ist vermutlich jeder Betrag zu wenig. Und ich muss es ehrlich sagen: Natürlich war ich daher dankbar, dass die *UKA* als *Unabhängige Kommission zur Aufarbeitung* eingerichtet wurde. Jetzt konnte ich in solchen Gesprächen oder Korrespondenzen auf eine unabhängige Stelle verweisen. Die Zahlungen richteten sich nach der deutschen *Opferentschädigungstabelle*. Auch das ein schrecklicher Begriff und wirklich beruhigen konnte mich das ohnehin nicht. Viele Betroffenen wünschen sich, dass man ihnen genau sagt, warum eine bestimmte Entschädigungshöhe am Ende rauskommt. Die UKA macht dies nicht, weil Expertinnen und Experten warnen, dies könne zu Retraumatisierungen führen. Ich kann nicht beurteilen, ob das stimmt. Was ich beurteilen kann, ist, dass die UKA ein Versuch ist und wir in diesem Punkt weiter sind als viele andere Institutionen. Trotzdem bleibt es nur ein Versuch. Und trotzdem fühlen sich viele Betroffene wie Bittsteller und ich fühle mich wie jemand, der immer nur Nein sagt. Oder der nicht erklären kann, weshalb so viele zu lange auf eine Entscheidung warten müssen. Zuletzt forderte der Betroffenenbeirat in unserem Bistum den Ausstieg aus dem System; ich wollte dem nicht stattgeben, weil ich die Chancen eines einheitlichen Systems für besser hielt und nach wie vor halte trotz aller berechtigten Kritik. Das führte noch mehr zu dem Gefühl, zerrieben zu werden, zwischen meinem eigenen Anspruch, die Not der Opfer zu mildern, und gleichzeitig dem Anspruch, ein verlässlicher Partner zusammen mit allen anderen Diözesen zu sein. Was mir bei diesen Zeilen wichtig ist: Ich will mich nicht bedauern, das wäre angesichts des Leides der Opfer zynisch. Aber ich will erklären, weshalb die Gespräche ab 2018 mich auf viele unterschiedliche Arten erschütterten.

Der Kirchen-Flächenbrand – unlöschbar?

Der Missbrauch und der Umgang heute mit diesen Verbrechen, sei es bei der Aufarbeitung oder auch der oben beschriebenen Zahlungen an Opfer, entzweit Kirche zutiefst. Auch innerhalb des Klerus. Manche aus der Priesterschaft kritisieren, »wir in der Leitung« würden jetzt nur den Betroffenen glauben und die Priester sehr schnell, vorschnell, als Täter abstempeln. Und da viele Beschuldigte bereits verstorben sind, müssten wir doch irgendwie ihr Andenken und ihre Ehre verteidigen und schützen. Das kritisieren und fordern manche. Ich sehe genau darin das größte Versagen von Leitungen in den zurückliegenden Jahrzehnten: Hätte man diese Fälle in ihrer Zeit angezeigt und der Staatsanwaltschaft übergeben, hätte der Rechtsstaat mit seinen Mitteln Klarheit schaffen können. Aber nein, diese Kirche wollte sich schützen und regelte das, wenn sie es denn tat, nach Möglichkeit intern. Heute wissen wir oft nicht oder nicht genau genug, was damals exakt passiert ist, das stimmt. Nur die Haltung, immer und grundsätzlich dem Priester zu glauben, weil er ja der Mann Gottes sei, diese Haltung kann und will ich nicht weiter unterstützen. Den Kulturwandel, und damit zuerst den Mentalitätswandel, den Betroffenen zu signalisieren – und es auch wirklich tun –, dass wir ihnen glauben, diesen Wandel brauchen wir in der Kirche. Ich ertrage es nicht mehr, wenn mir immer wieder gesagt wird: »Die kommen doch nur, weil sie unser Geld wollen.« Ich hatte bei keinem Gespräch mit einem Betroffenen jemals den Eindruck, dass da jemand saß und mir ein Theater vorspielte, um von der Kirche Geld zu bekommen.

Natürlich haben wir als Kirche die Pflicht, Anschuldigungen sorgfältig nachzugehen, auch um mögliche ungerechtfertigte Beschuldigungen auszuschließen. Doch die Grundlage muss die Bereitschaft sein dem Betroffenen zu glauben. Was das bedeutet, habe ich selbst oft genug erlebt. Vielleicht einer der krassesten Fälle: Wir hatten im Dezember 2020 den Namen eines vermeintlichen Täters veröffentlicht, es handelte sich um den früheren Generalvikar Rudolf Motzenbäcker. Dieser Schritt war uns schwergefallen. Eigentlich hatten wir uns vorgenommen, Namen erst nach einer eigenen Aufarbeitungsstudie zu veröffentlichen, dann nämlich, wenn die Schuld von Tätern oder die Verantwortung von Bischöfen, Generalvikaren oder Personalverantwortlichen klar benannt werden konnten. In der Causa »Motzenbäcker« waren wir davon zu diesem Zeitpunkt noch sehr weit entfernt. Allerdings beschuldigten mehrere Betroffene den früheren Generalvikar, unabhängig voneinander. Wir wurden wiederum in diesen Wochen immer wieder gefragt, ob es in den zurückliegenden Jahrzehnten auch Täter in der Bistumsleitung gab. Was sollten wir tun? Nur scheibchenweise mit Details ans Licht gehen? Oder doch schon jetzt, obwohl es noch keine Aufarbeitungsstudie für die entsprechenden Jahre gab?

Ich bin heute noch, nach Akteneinsicht aller Fallakten und den Gesprächen, die ich zwischenzeitlich geführt habe, fest davon überzeugt, dass wir richtig gehandelt haben. Und dennoch kam es mit der Veröffentlichung des Namens des ehemaligen Generalvikars zu einer Situation, die ich mir nicht hatte vorstellen können.

Viele Details und Abläufe gingen durch die Medien, daher hier nur kurz: Ein Journalist veröffentlichte nach unserer Meldung mehrere Aussagen aus Gerichtsakten. Bei dem Gerichtsprozess handelte es sich allerdings gar nicht um einen Strafprozess, um die Schuld des vermeintlichen Täters zu klären, sondern es wurde vor einem Sozialgericht die Frage erörtert, ob dem Kläger eine Opferentschädigungsrente zustehe. In den Gerichtsakten schilderte der Mann seine Jahre im Kinderheim in der Engelsgasse in Speyer. Diese Einrichtung gehörte damals zur Dompfarrei und Niederbronner Schwestern arbeiteten dort. Jener Betroffene beschuldigte Generalvikar Motzenbäcker und andere nicht näher benannte Priester, ihn missbraucht zu haben. Zudem warf er den Ordensschwestern vor, Kinder für Geld an den Generalvikar, andere Priester und Politiker in die Prostitution verkauft zu haben. Das mediale Echo war unbeschreiblich, sogar die *New York Times* berichtete darüber. Wir selbst waren von dieser Entwicklung des Geschehens vollkommen überrascht. Der Chefredakteur unserer Bistumszeitung *Der Pilger* rief mich vollkommen entgeistert an und fragte, weshalb ich ihm diese Informationen vorenthalten hätte. Er fühlte sich von mir instrumentalisiert, weil wir die Veröffentlichung des Namens in einem Interview im *Pilger* vorgenommen hatten. Ich war selbst fassungslos, denn diese Entwicklung hatte ich nicht im Entferntesten vorhergesehen. Während der Orden noch versuchte, den Schaden zu begrenzen, tauchte ein Papierstück auf, das uns der Betroffene präsentierte als eine Seite aus einem angeblichen Kassenbuch. Darin Namen der Kinder vermerkt, dann Namen von Geistlichen und in einer weiteren Spalte D-Mark-Beträge. Dieses Schriftstück sei ihm anonym zugespielt worden. Bei uns und vielen, vielen anderen nur noch blankes Entsetzen. Für Millionen im ganzen Land hat der Missbrauch in der Kirche damit eine neue Dimension erreicht.

In diesem Zusammenhang kommt es Anfang 2021 zu einer Anfrage eines *ARD*-Spartensenders, der für die Sendung *Y-Kollektiv* einen Bericht über die Geschehnisse rund um die Engelsgasse machen möchte. Ich werde für ein Interview angefragt und stelle mich den Fragen. Es ist wie auf der Anklagebank, die Rollen sind klar vergeben: Ich bin der Böse, Teil dieser furchtbaren Institution von Missbrauchstätern, Vertuschern und jetzt auch noch Zuhälterinnen von Kindern. In diesem Zusammenhang wird mir die Seite aus dem »Kassenbuch« gezeigt. Ich kann mir nicht vorstellen, dass eine Ordensfrau Kinder für Geld an Priester verkauft und dies dann auch noch in einem Buch vermerkt. Aber ich konnte mir so viel nicht vorstellen und ich sehe ja die akkurate Schrift – typisch deutsche Gründlichkeit?

Die folgenden Wochen sind unfassbar belastend. Mitarbeiterinnen und Mitarbeiter fragen sich und uns, was denn noch alles komme – und ich kann sie verstehen. Die Rollen sind weiterhin klar vergeben und ich bin auf der Seite der Bösen. Gleichzeitig kenne ich eine ganze Reihe von Priestern und weitere Mitarbeitende, die Generalvikar Motzenbäcker erlebt haben, und zwar als einen frommen und gutherzigen Menschen. Der wohl ein paar schrullige Seiten hatte, dem aber keiner von ihnen, selbst heute noch nicht, Missbrauch zutraut. Schnell sind sich einige sicher, dass wir einem Lügner auf den Leim gegangen sind und vorschnell und falsch reagiert haben.

Der Orden der Niederbronner Schwestern ist über unser Vorgehen ebenfalls sehr schockiert. Wir hatten diesen Schritt mit der Veröffentlichung des Namens nicht mit der Oberin abgesprochen, warum auch? Nie wären wir auf die Idee gekommen, dass es auf einmal nicht um die Causa »Motzenbäcker«, sondern um Prostitution durch Nonnen gehen könnte. Die Lage spitzt sich zu, als um Weihnachten herum immer wieder in der Innenstadt von Speyer auf großformatigen Plakaten die Schuld von Priestern und Nonnen, ja der gesamten katholischen Kirche, angeprangert wurde. Gerade für die Ordensschwestern wurden diese Tage zum öffentlichen Spießrutenlauf.

Das Ganze erfährt eine neue Wendung, als zwei Schriftgutachten klar belegen, dass dieses »Kassenbuch« nicht aus der fraglichen Zeit stammen könnte: Es handelte sich um eine Computerschrift und nicht etwa um die Handschrift einer perfiden Ordensschwester. Damit war für viele klar, dass man einem Schwindler aufgesessen sei. Und es stimmte ja auch, das angebliche Kassenbuch war gefälscht und damit der Vorwurf, dass Ordensfrauen Kinder zur Prostitution gezwungen hätten, unbegründet. Für viele galt der Betroffene nur noch als Lügner. Nun wendeten sich auch etliche Priester und andere Gläubige an mich und äußerten deutlich ihren Unmut, dass wir hier wohl einem Lügner und Aufschneider auf den Leim gegangen seien. Wir hätten das Andenken eines frommen und unbescholtenen Mannes in den Dreck gezogen. Auch diesen Angriffen konnte man nicht so leicht entgehen und sie belasteten mich.

Es war eine hochemotionalisierte Debatte, und ich persönlich vermag mir kein abschließendes Urteil zu bilden. Hatte jemand mithilfe des Kassenbuchs einen Weg gesucht, seine Geschichte zu untermauern? Hatte jemand immer und immer wieder erlebt, dass man ihm nicht glaubt, seit Kindheitstagen, und wollte durch diesen Beweis endlich mal wahrgenommen werden und Glauben geschenkt bekommen? Vielleicht wurde das Erlebte in der Erinnerung und damit auch in den Schilderungen immer monströser und immer furchtbarer. Ich weiß es nicht und bin auch kein Psychologe, aber ich halte es schon für möglich, dass *False Memories* ein Grund für das Vorgehen waren. Ich kann selbst nur noch einmal betonen: Ich hatte ein langes Gespräch mit dem Betroffenen und ich habe keinen Zweifel daran, dass dieser Mann Missbrauch erlebt hat.

Ich kann mir außerdem vorstellen, ohne dass ich falsche Aussagen rechtfertigen oder relativieren will, dass ein Betroffener aus kompletter Verzweiflung heraus so handelt, wenn er nämlich immer und immer wieder erfahren musste, dass ihm nicht geglaubt wird und man ihn abblitzen lässt. Dann wird aus der Verzweiflung vielleicht ein Aufschrei, lauter und lauter, der schließlich die Erlebnisse schriller und irgendwann sogar übertrieben schildert, nur damit man endlich hinhört. Wie gesagt: Falschanschuldigungen sind nicht zu relativieren und können großen Schaden anrichten. Doch sich einfach nur abzuwenden und einen Betroffenen als kompletten Lügner abzustempeln, das ist sicher erneut eine massive Demütigung, vielleicht sogar erneut eine Form von Missbrauch. Das geschah damals und so sorgte diese Causa dafür, dass ich und einige Mitbrüder uns weiter voneinander entfremdeten. Ob sie das auch so spürten, weiß ich nicht. Ich merkte es jedenfalls.

Ich erlebte diese Entfremdung sogar immer tiefer, selbst nach dem Schriftgutachten. Denn ich bekam mehr und stärker das Gefühl, dass es manche in manchen Ordinariaten oder sonstigen Kirchen-Amtsstuben noch immer nicht verstanden hatten und haben. Nach der Ausstrahlung jenes Beitrags des *Y-Kollektivs*, der am Ende sogar nach den *Tagesthemen* in der *ARD* lief, meldete sich ein älterer Herr. Er wohne zwar weder bei uns im Bistum noch habe er Missbrauch durch einen Mitarbeitenden unserer Diözese erfahren, aber er brauche dennoch Hilfe und habe nach dem Bericht im Fernsehen das Gefühl, dass wir ihm helfen könnten. Wir handelten sofort und trafen uns mit ihm. Was er uns dann erzählte, war für uns erneut unglaublich: Als Kind war er in den Sechzigerjahren mit dem Kaplan seiner Heimatgemeinde und zwei anderen Jugendlichen zu einer Freizeitwoche im Ausland. Der Deal war, dass man am Vormittag in der dortigen Pfarrei mitarbeitete und nachmittags etwas gemeinsam unternahm. Die Tage seien schön gewesen und man hätte viel Spaß gehabt. An einem Tag allerdings habe er sich nicht wohlgefühlt und daher am Nachmittagsprogramm nicht teilgenommen. Er blieb also zurück – und der Priester der dortigen Pfarrei missbrauchte ihn in jenen Stunden. Weder seinem Kaplan erzählte er davon noch den beiden anderen Jugendlichen. Man reiste ab, und das Ganze war nie mehr Thema. Auch mit seinen Eltern sprach er nie darüber. Erst mit uns wieder.

Wir waren fassungslos und versprachen, der Sache nachzugehen und taten das auch. Die Pfarrei hatte bis zur Wende zu einer Diözese gehört und gehörte jetzt zu einer anderen. Ich schrieb beide Generalvikariate an und bekam durch die Rechtsabteilungen die Antwort, dass man für diesen Fall nicht zuständig sei, da die Zuständigkeit entweder dadurch entstehe, dass der Missbrauch durch einen eigenen Diözesanmitarbeiter verübt worden sei oder auf dem Gebiet der Diözese. Beides sei im geschilderten Fall nicht gegeben. Wir waren erneut fassungslos. Wir begannen selbst zu forschen und stellten fest, dass der Priester in Österreich geweiht worden und in der Schweiz beerdigt worden war. Es gab vom dortigen Bistum eine schöne Traueranzeige, die einen Lebenslauf eines Mannes aufzeigte, der alle paar Jahre an einem neuen Ort tätig gewesen war. Wenn man sich mit Missbrauch beschäftigt und diesen Lebenslauf sieht, mit mehreren Stationen in verschiedenen Ländern, dann läuten bei einem alle Alarmglocken. Ich hakte nach, und die entsprechende Diözese in der Schweiz erklärte mir daraufhin, dass er bei ihnen nicht inkardiniert gewesen sei und man auch keine Auskunft geben könne, wo er denn dann inkardiniert gewesen war. Die österreichischen Kollegen wiederum reagierten überhaupt nicht, zumindest nicht bis zur Drucklegung dieses Buches, und auch nicht die Kollegen in der ausländischen Diözese, in der der Missbrauch geschehen sein soll. Das gesamte Verfahren ist inzwischen bei der UKA angemeldet, obwohl wir nicht zuständig sind – ich ertrage es nicht mehr, dass wir diesem Mann mit immer neuen Gründen erklären müssen, weshalb wer nicht zuständig sei. Dieser Mann wurde womöglich durch einen Priester missbraucht und er muss nicht verstehen, was die Ordnung der DBK oder das Kirchenrecht über Inkardination sagt. Das ist peinlich und unsäglich. Ich bin vor allem unserer unabhängigen Ansprechpartnerin so dankbar, dass sie für ihn in all diesen Verfahrensschwierigkeiten da ist. Es ist eine Schande, dass wir uns auch im Jahr 2022 noch immer hinter Paragrafen und Zuständigkeiten verschanzen. Wo das passiert, begreife ich meine Kirche immer weniger.

Dazu glaube ich, dass wir beim Thema Missbrauch immer noch nicht das ganze Ausmaß kennen. Jahr für Jahr werden wir neue Studien kennenlernen. Gerade in den streng katholischen Ländern, in denen es oft eine lange und enge Verknüpfung zwischen Kirche und Staat gibt, werden wir das erschreckende Ausmaß erst noch kennenlernen, da bin ich mir sicher. Ich erinnere in diesem Zusammenhang nur an Irland, Kanada und Frankreich. Wir haben noch nichts von Italien, Spanien und Portugal oder Polen gehört. Wie schlimm außerdem die Situation in den Ländern des globalen Südens ist, kann man nur erahnen. Ich denke dabei mit Schrecken an eine *ARTE*-Produktion zurück, die den sexuellen Missbrauch an Ordensfrauen in einigen afrikanischen Ländern und in Indien aufdeckte.

Da wird noch viel Schreckliches ans Licht kommen. Es ist gut, dass es ans Licht kommt, denn es wird diesen Täuschungen ein Ende setzen. Und doch tut mir diese Enttäuschung heute schon unendlich weh. Wenn ich das alles schon früher gewusst hätte, wäre ich sicher kein Priester in dieser Kirche geworden. Diese Erkenntnis tut weh. Gerade weil sie nicht auf einem einzigen lauten Knall-Erlebnis beruht, sondern sich als Flächenbrand schleichend tief in mich hineingefressen hat. Und weil ich nicht mehr glauben kann, dass dieser Brand jemals gelöscht werden kann.

Kirche gehört dazu:
Aber welche – diese?

Vor die Entfremdung gehört zunächst die Vertrautheit. Und so sehr mir Teile der katholischen Kirche heute fremd sind, so sehr waren mir Teile von Kirche vertraut. Ich habe es ganz zu Beginn geschrieben: Ich kann mich gar nicht daran erinnern, dass es in meinem Leben die Kirche einmal nicht gegeben hätte. Meine Mutter und deren Mutter waren beide evangelische Christinnen, aber nicht sonderlich stark in der religiösen Tradition verwurzelt. Der Opa mütterlicherseits war römisch-katholisch, aber nicht praktizierend. Er schilderte immer wieder Erlebnisse mit dem Pfarrer seiner Kindheit, die mir sein Handeln, sich von der Institution zu distanzieren, durchaus verständlich erscheinen ließen. Mein Opa väterlicherseits entstammte einer evangelischen Familie. Im Stammbaum dieses Familienzweigs finden sich etliche Mitglieder, die der Herrnhuter Brüdergemeine angehörten. Es gab Pfarrer in mehreren Generationen und die eine oder andere Tochter hatte einen protestantischen Pfarrer geheiratet.

Meine Oma väterlicherseits schließlich war tief verwurzelt im katholischen Glauben, stammte aus Köln, und für sie war Glaube und Kirche fester Bestandteil ihres Lebens. Dies gab sie auch an ihre drei Kinder, unter anderem an meinen Vater, weiter.

Erste Schritte, erste Begeisterung – und erste Demütigung

Mein Vater und seine Mutter waren wie eben beschrieben römisch-katholisch und bei ihnen war das ein fester Bestandteil ihres Lebens. Meine Eltern heirateten 1970 katholisch und durch die gemeinsamen Kirchgänge entschloss sich meine Mutter, vorher noch evangelisch, nun katholisch zu werden. Als ich 1974 auf die Welt kam, war sie bereits konvertiert. Der sonntägliche Kirchgang blieb auch nach meiner Geburt fester Bestandteil im Leben unserer Familie. Alle Aktivitäten wurden immer so geplant, dass ein Kirchgang trotzdem möglich war. Wir besuchten deshalb auch Vorabendgottesdienste in anderen Pfarreien oder waren hin und wieder auch im italienischen Gottesdienst zu Gast, da dieser am Sonntagnachmittag stattfand. Einen Sonntagabendgottesdienst gab es damals, zumindest meiner Erinnerung nach, bei uns noch nicht.

In Gerolsheim, wo wir lebten, waren in meiner Kindheit etwa ein Drittel der Einwohner katholisch, was ungefähr 500 Gläubigen entsprach. Unsere Kirche war klein und recht schlicht ausgestattet, mit einem Kreuz und einer Marienfigur. Hochaltäre gab es keine und weitere Darstellungen von heiligen Frauen und Männern fanden sich in den sechs Glasfenstern der Kirche, aber nicht etwa als große Statuen. Wir saßen bei den Gottesdiensten immer auf der linken Seite des

Kirchenschiffs in der dritten Reihe. Das war für viele Jahre der Stammplatz meiner Familie und ich erinnere mich noch gut, wie ich Jahre später, als ich bereits geweiht war, meine Eltern zu einem Gottesdienst begleitet habe. Komisch berührt bemerkte ich, dass die beiden »unsere Bank« verlassen hatten und nun auf der anderen Seite, und viel weiter hinten, saßen.

An den Pfarrer, der mich taufte, erinnere ich mich nicht. Meine Taufe fand noch in Beindersheim statt, damals lebten meine Eltern noch dort. Als ich drei Jahre alt war, zogen wir nach Gerolsheim, wo Pfarrer Rudolf Banzer wirkte. An ihn kann ich mich zumindest bruchstückhaft erinnern. Das Bild, das mir bei ihm in den Sinn kommt, ist die Begehung der Baustelle unseres Pfarrheims im Anschluss an den Gottesdienst. Der Keller war als Bauabschnitt schon fertig gebaut und die Betondecke bereits daraufgegossen. Die Freude und Euphorie bei den Erwachsenen über den erfolgreichen Fortschritt des Bauvorhabens spürend, lief ich auf der Betondecke ganz beseelt an der Hand des Pfarrers. Bis auf dieses Bild verbinde ich leider sonst keine Erinnerungen an ihn aus jenen Jahren.

Warum erzähle ich das? Weil für meine Entscheidung beide Erfahrungen wichtig sind: die Entfremdung und die Vertrautheit. Weil ich glaube, dass Kirche beides verstehen muss, nicht im Hinblick auf mich, aber im Hinblick auf so viele, denen es vorher so gegangen ist, so geht und noch gehen wird. Weil die Menschen in der Kirche, vor allem die, die wirklich entscheiden können – und ich werde noch dazu kommen, wer das ist –, das verstehen müssen oder sollten, endlich. Denn auch wenn ich nicht mehr darauf vertrauen kann, dass der Niedergang noch gestoppt werden kann; ich glaube, dass oft Entscheidungsträger gar nicht mehr wissen, wie viel Heimat Kirche für Menschen war und was dann weggebrochen ist. Und wenn man nicht mal mehr weiß, was da wegbricht – warum sollte man dagegen kämpfen?

In dieser meiner Heimat ging ich 1983 zusammen mit drei anderen Jungs aus unserem Dorf zur Erstkommunion. Der Pfarrer war Heinz Müller. Er kümmerte sich selbst um die katechetische Vorbereitung von uns Kommunionkindern. Ich erinnere mich noch gut an ein Erlebnis in einem Gottesdienst während des Kommuniongangs: Wir saßen in der ersten Reihe und alberten herum, lachten und waren alles andere als still. Eine ältere Dame war auf dem Weg nach vorne und fühlte sich durch unser Verhalten wohl in ihrer Andacht massiv gestört. Sie holte aus und gab dem Ersten von uns eine Ohrfeige, allen anderen warf sie einen bösen Blick zu. Dann ging sie weiter und empfing die Kommunion. Wir waren damals vollkommen geschockt. Der Pfarrer reichte ihr zwar noch die Hostie, unterbrach dann aber die Austeilung und kam zu unserer Bank. Er erkundigte sich bei dem Geschlagenen – und ermahnte uns danach zur Ruhe! Nach dem Gottesdienst standen viele Erwachsene vor der Kirche zusammen und man unterhielt sich aufgeregt. Die Ohrfeige war ein Thema, aber vor allem unser störendes Verhalten. In meiner Kindheit hielten vermutlich noch viele eine Ohrfeige für ein adäquates Erziehungsmittel. Die Rollen waren klar verteilt: Wir Kinder wurden wegen unseres lebhaften Benehmens vor allen ermahnt und zurechtgewiesen, die Frau, die geschlagen hatte, wurde dagegen – zumindest nicht öffentlich – weder vom Pfarrer noch von den Leuten jemals darauf angesprochen. Das tat weh. Heute denke ich außerdem: Das Ganze war ja auch in religiöser Hinsicht irre. Da schlägt jemand ein Kind und empfängt dreißig Sekunden später die heilige Kommunion. Wie man das innerlich zusammenbringt, ist mir ein Rätsel. Aber vermutlich passt es, wenn sicher auch vom Ausmaß her nicht im Ansatz vergleichbar, in ein System, in dem es Priester gibt, die auf bestialische Weise Kinder missbraucht und dann sonntags von der Kanzel oder im Beichtstuhl Menschen von den Sakramenten ausgeschlossen haben, weil diese geschieden und wiederverheiratet waren.

Der Weiße Sonntag selbst ist mir nicht mehr in Erinnerung. Ich habe auch keine Fotos vom Gottesdienst selbst, dies war damals noch nicht so üblich. Obligatorische Kommunion-bilder entstanden am Nachmittag im Garten mit allen Familienmitgliedern. Doch ein paar Wochen danach gab es eine eigenartige Begegnung mit dem Pfarrer, die rückblickend mein Leben auch ganz anders hätte prägen können: Ich hatte immer Messdiener werden wollen und die Kommunion war dazu die notwendige Voraussetzung. Die hatte ich nun ja er-füllt und so erkundigte ich mich direkt nach dem Weißen Sonntag beim Obermessdiener, wann und wo ich zum ersten Mal dienen könnte. Messdienerstunden oder Ähnliches gab es bei uns im Ort nicht und so sollte ich zuerst einmal in einem Werktagsgottesdienst beginnen. Die anderen drei Jungs, die mit mir zur Kommunion gegangen waren, wollten keine Messdiener werden und so wurde nur mit mir ein Termin für den ersten Gottesdienst vereinbart.

Ich fieberte diesem Tag entgegen, lange war es nicht mehr. Kurz davor gingen meine Eltern mit mir und meinem Bruder in die Vorabendmesse und im Anschluss auf das Gockelfest. Bei diesem kleinen Dorffest präsentierte der örtliche Geflügelzüchterverein sein schönstes Federvieh und im Festzelt gab es Grillhähnchen und andere Speisen. Als ich mit meiner Familie das Festzelt betrat, saß der Pfarrer schon bei Bier und Hähnchen. Er sah uns und fragte laut und über alle Köpfe hinweg: »Braucht der junge Sturm eigentlich eine Extraeinladung zum Ministrieren?« Stille. Alle Köpfe herum und die Augen auf mich. Ich wäre am liebsten davongerannt. Zum Glück konterte meine Mutter, es sei ja bereits alles mit dem Obermessdiener geklärt. Der Pfarrer ließ von mir ab und wandte sich seinem Teller zu, Fall erledigt, lieber wieder Hähnchen und Bier. Für mich aber saß die Peinlichkeit tief. Was ich damals noch nicht wusste: Ich hatte zum ersten Mal am eigenen Leib erlebt, wie Kirche andere vor den Kopf stoßen, ausgrenzen und verletzen konnte. Nicht abstrakt, sondern ganz konkret und persönlich.

Bis heute treibt mich diese Erfahrung um. Oft habe ich mich gefragt, wie viele junge Menschen aufgrund solch einer Erfahrung davon abgehalten wurden, sich in Kirche zu engagieren. Wie wäre das gewesen, wäre ich damals aus Angst vor diesem Pfarrer nicht Messdiener geworden? Was wäre mir vorenthalten geblieben? Und was erspart?

Doch noch gab es diese Erwägungen nicht ernsthaft und nach meinem ersten Ministrantendienst lernte ich auch die guten Seiten von Pfarrer Müller kennen. Er war in der Sakristei immer zu Scherzen aufgelegt und wir hatten manchen Spaß mit ihm. Gut in Erinnerung ist mir in diesem Zusammenhang der Besuch eines Bischofs aus der Weltkirche geblieben: Nachdem der Bischof sein Pileulus, das kleine violette Käppchen, abgesetzt hatte, nahm es der Pfarrer und setzte es während des Sanctus' einem Messdiener auf. Nur sehr schwer konnten wir uns alle von dem Lachanfall erholen. Die Gemeinde und auch der Bischof hatten dies nur zum Teil mitbekommen, aber das verschmitzte Pfarrer-Lächeln sehe ich noch heute vor mir. 1985 starb Pfarrer Müller ganz plötzlich und ich begleitete meine Mutter zum Requiem und zur Beisetzung in Lambsheim. Damals habe ich lange im Seitengang gestanden, bevor wir mit den anderen Trauergästen von der Kirche zum Friedhof gelaufen sind. Es waren viele gekommen.

Kirche, ganz neu – und plötzlich rückabgewickelt

Auf Pfarrer Müller folgte Pfarrer Erhard Winter. Er hatte unfassbar viel erlebt und war deshalb auf besondere Art faszinierend für mich. Ursprünglich war er Franziskaner und für einige Jahre in Brasilien als Missionar tätig gewesen. Nach einem tragischen Autounfall seines Bruders und seiner Schwägerin entschied er sich allerdings, den Orden zu verlassen und gemeinsam mit Odilia Moll die verwaisten Kinder großzuziehen. Er wurde Pfarrer in unserer Diözese und in seinem Haushalt lebte die kleine Familie. Als er zu uns in die Pfarrei kam, hatten seine Neffen und Nichten das Haus schon verlassen. Doch ich glaube, diese Erfahrungen hatten ihn stark geprägt, zumindest meine ich das in seinem Umgang mit uns und der Gemeinde zu erkennen: Er unterstützte uns als

Messdiener großartig. Wir bekamen einen Raum im Pfarrheim und durften dort unsere Gruppenstunden abhalten. Er
tanzte mit den Erstkommunionkindern um ein Feuer nach
der Erstbeichte, bei der alle Kinder ihre kleineren und größeren Sünden auf Zetteln notiert und dann im Feuer verbrannt
hatten. Er hatte aber nicht nur eine gute Art, mit Kindern umzugehen, sondern er war bei Alt und Jung gleichermaßen ge-
schätzt und willkommen. Er war sozial stark vernetzt, sowohl
im Raum der Kirche als auch darüber hinaus. Erhard Winter ist für mich heute auch deshalb ein interessantes Beispiel,
weil er im Gegensatz zu so vielen einsamen und sozial nicht
kompatiblen Amtsbrüdern steht. Denn ein tragendes soziales
Netz ist die Grundvoraussetzung für ein gelingendes Leben
und letztlich auch für gute Seelsorge. Keine Seelsorge ohne
Selbstfürsorge. Ich durfte in dieser Kirche Seelsorgerinnen
und Seelsorger kennenlernen, die hier sehr gut um sich gesorgt haben, aber ich habe auch jene erleben müssen, die so
unzufrieden und wenig sorgsam mit sich selbst umgegangen
sind, dass ich nicht an Kontakt interessiert war. Auch das ist
sicher eine Form von Entfremdung.

Das Tragische: Trotz seiner Herzlichkeit und seines Engagements kam Erhard Winter nie so ganz bei uns an. Brasilien
blieb für immer seine eigentliche Heimat und er sprach fast
täglich davon. Gerolsheim war nur Filiale und gehörte damals
zur Pfarrei Lambsheim. Diese beiden Kirchorte diskutierten
mit einer Leidenschaft über für ihn empfundene Lappalien,
wie zum Beispiel die Zuteilung der Gottesdienstzeiten. Er,
der in Brasilien manchmal wochenlang unterwegs war, um
eine kleine christliche Gemeinde seiner großen Pfarrei zu

besuchen, konnte nicht verstehen, dass wir uns nicht einfach einigen konnten, wie und wann ein Gottesdienst gefeiert werden solle. Sein Unverständnis hatte etwas Prophetisches und ich kann es heute gut nachvollziehen. Kaum war Erhard Winter krankheitsbedingt in den Ruhestand versetzt und die Last der Pfarrseelsorge von ihm genommen, ging es ihm gesundheitlich wieder besser und er reiste immer wieder zurück nach Brasilien – sammelte in Deutschland Geld und verwirklichte zusammen mit den Menschen vor Ort viele caritative und pastorale Projekte in seiner alten Pfarrei.

Ich könnte noch viel mehr über Erhard Winter schreiben, eben weil sein Beispiel für mich paradigmatisch für Probleme und Chancen der Kirche steht – und dass beides schon so lange offen dalag. Für mich war er außerdem deshalb sehr wichtig, weil er mich auf meinem Berufungsweg entscheidend prägte, zwei Episoden sind mir dabei besonders wichtig: Die eine spielte sich bereits in meiner Jugendzeit ab. Damals gab es in Gerolsheim zwei Werktagsgottesdienste und als in mir der Wunsch aufkeimte, Priester zu werden, hatte ich oft viele Fragen. Zwar wurde auch bei uns zu Hause über viele Glaubensfragen leidenschaftlich diskutiert, aber er war aus meiner Sicht der Experte, der Theologe. So nahm er sich nach den Gottesdiensten immer geduldig die Zeit, alle meine Fragen zu beantworten. Ihm war keine Frage zu viel und ich bin mir sicher, dass ihm sehr klar war, weshalb ich all das fragte. Trotzdem hat er mich nie ansatzweise gedrängt, Priester zu werden. Als ich 1994 ins Priesterseminar nach Mainz ging, schrieb ich ihm zu Weihnachten und erzählte ihm von meinem Schritt – leider erhielt ich damals keine Antwort. Jahre später, kurz vor meiner Priesterweihe, sprachen wir einmal darüber und da sagte er mir, dass er sich gefreut, aber dabei nie gewollt habe, dass ich mich durch ihn zu irgendetwas gedrängt fühlen würde. Rückblickend finde ich das sehr beeindruckend, denn mir sind später oft Priester begegnet, die beim kleinsten Anzeichen, dass da jemand Interesse zeigte oder gar eine Berufung spürte, eine private Betreuung in die Wege geleitet haben. Das hatte manchmal etwas Übergriffiges, was ich zutiefst eigenartig und auch für gefährlich halte. Auch auf diese Weise werden Priesteramtskandidaten »herangezogen«, deren Verständnis von Weihe und Amt ein großes Problem der Kirche ist: Sie sind von Anfang an Exklusivität gewöhnt.

Nach der Pensionierung Erhard Winters gab es in unserer Pfarrei eine kleine Revolution, wir bekamen ein Team: Benno Riether und Michael Adam. Riether war Pfarrer und Adam Pastoralteamleiter. Das war ein erster pastoraltheologischer Versuch, Seelsorge neu zu denken und Leitung anders aufzusetzen. Wir waren als Projektpfarrei dabei und das Team von Pfarrer und Pastoralreferent, oder wie alle nur sagten »Benno und Michael«, war etwas wirklich Neues. So war der Pastoralreferent als Pastoralteamleiter unser Gemeindeleiter und auch wenn dies am Anfang für viele schwer zu fassen war, gewöhnten sich alle daran. Mir wurde dabei zum ersten Mal klar, dass man nicht unbedingt Priester sein musste, um pastoral tätig zu sein. Ich hätte es damals noch nicht so ausgedrückt, doch ich spürte plötzlich: Berufung kann viele Gesichter haben. Rückblickend war das Modell der Pastoralteamleiter ein weitsichtiger Versuch, Pastoral neu zu denken und das Miteinander von Haupt- und Ehrenamtlichen, von Geweihten und Nichtgeweihten neu zu verorten. Als Jugendlichem war mir nicht klar, wie fortschrittlich und revolutionär dieses neue Modell war, aber ich spürte sehr wohl diesen neuen, frischen Wind.

Meine Heimatgemeinde war nicht der Hort umwälzender Veränderungen. Am Anfang taten sich viele schwer damit, dass es nun Sonntage ohne Eucharistiefeier gab, aber dafür mit Wortgottesfeiern und Kommunionausteilung. Oder es gab am Anfang einen Aufschrei, wurde eine Beerdigung nicht vom Pfarrer durchgeführt. Doch irgendwann waren solche Dinge selbstverständlich. Das zeigt, dass selbst in solch traditionellen Pfarreien wie meiner Veränderungen möglich sind, wenn sie angeboten und angenommen werden, von allen Seiten. Und noch etwas: Michael Adam gelang es, durch großartige Predigten Menschen den Sinn des Evangeliums zu erschließen. Das ist es doch, um was es uns gehen sollte. Deshalb kann ich nur erahnen, wie verletzend und demütigend es für Theologinnen und Theologen jener Jahre gewesen sein muss, wenn Menschen einer Wortgottesfeier fernblieben, weil die in ihren Augen »nichts Richtiges« war. Über Jahrzehnte, vielleicht sogar Jahrhunderte, hat man in der katholischen Kirche alles auf die Eucharistiefeier ausgerichtet. So viele andere gottesdienstliche Formen sind dadurch aus dem Blick verloren gegangen. Zwar hat das II. Vaticanum versucht gegenzusteuern, aber außer ein paar vereinzelten Versuchen ist nicht wirklich etwas aufgeblüht.

Ein bisschen glaube ich auch, dass dadurch eine Bedien-Mentalität erwachsen ist. Während in vielen Teilen der Weltkirche es klar ist, dass nicht immer ein Priester zur Verfügung steht und sich dadurch ganz neue Formen neben der Eucharistiefeier entwickelt haben, wurde bei uns eher darauf gepocht, dass der Status quo immer zu halten sei. Boshaft könnte man es vielleicht sogar noch schärfer sagen: Hauptsache, man bekam die Hostie. Die Verkündigung des Evangeliums geriet dadurch aus dem Blick.

Ich schreibe das hier, weil das Erfahrungen sind, die aus meiner Sicht viel zu selten thematisiert werden. Ich halte sie aber für essenziell und existenziell und Kirche sollte sie ernst nehmen. Denn in solch einer Engführung steckt etwas, was Papst Franziskus vielleicht mit seinem Ausspruch »Verdunklung des Evangeliums« gemeint hat und was auf Dauer viele Menschen von Kirche entfremdet hat oder noch entfremdet. Wer das Evangelium liebt, kann sich nicht nur auf die Eucharistiefeier als Mahlfeier allein beschränken.

Leider wurde damals diesem mutigen Voranschreiten im Bistum Speyer am Ende der Amtszeit von Bischof Anton Schlembach ein jähes Ende gesetzt. Er machte alles rückgängig. Ich bekam das damals gar nicht so richtig mit und machte mir in jenen Jahren keine Gedanken, was das mit all diesen Pastoralteamleiterinnen und -leitern gemacht haben könnte. Von ihren Verletzungen, dieser Demütigung und der unendlichen Enttäuschung, die das für sie bedeutet hat, erfuhr ich erst Jahre später, als ich bereits Generalvikar war. Wir wollten im Jahr 2019 neue Formen von Leitungsmodellen (unter anderem nach can. 517,2 CIC) einführen und mir wurde geraten, mich doch einmal mit jenen auszutauschen, die damals Leitung ausgeübt hatten und denen ihre Aufgabe mit einem Federstrich wieder genommen worden war. Das tat ich und dieses Treffen ist mir noch sehr lange nachgegangen.

Auch das war Missbrauch. Das wurde mir schlagartig bewusst und ich begriff, welche verschiedenen Formen Machtmissbrauch haben kann. Wie unterschiedlich Kirche gelebt werden konnte – und auch schon gelebt worden war. Nicht vor Jahrhunderten, sondern vor Jahrzehnten. Und wie eben durch Machtmissbrauch und Willkür solches Leben einfach wieder rückgängig gemacht wurde. Kirchliche Rückabwicklung gewissermaßen, ohne auf die Menschen zu schauen, die davon betroffen waren.

Was kapieren die vom echten Leben? Rein und raus aus der Bubble

Pfarrer Benno Riether war mir übrigens schon vor seinem Amtsantritt bei uns in der Gemeinde bekannt. Es gibt nämlich neben der Pfarrei noch einen weiteren Strang kirchlichen Engagements in meinem Leben, die *KjG*. Die *Katholische junge Gemeinde* wurde für mich wie eine zweite Familie. Los ging es im Sommer nach meiner Erstkommunion. Damals lag am Schriftenstand ein Flyer für ein Zeltlager in Walldürn aus, veranstaltet vom KjG-Bezirk Frankenthal. Ich setzte alles in Bewegung, um mitzudürfen. Es klappte. Das Zeltlager der KjG war danach für viele Jahre fester Bestandteil meiner Sommerferien, genauso wie die KjG maßgeblicher Inhalt meiner Freizeitgestaltung und meines Lebens war.

Viele Freundschaften und auch manche Beziehungen entstanden hier, mein Bruder lernte dort beispielsweise seine spätere Frau kennen. Rückblickend bin ich dankbar dafür, dass ich durch die KjG unsere Kirche als große Gemeinschaft erleben durfte, die wir mitgestaltet haben. Hier wurde nicht nur über Atomkraft, Ökologie und Wehrpflicht debattiert. Hier erlebte ich auch, dass über Gott und die Kirche leidenschaftlich diskutiert wurde. Oder über viele Fragen des Glaubens, der Moral und des Gewissens. In einer guten und förderlichen Art. Hier war Jesus nicht eine abstrakte Person, sondern vielmehr mit seinem Leben Vorbild und Richtschnur. Jemand, dem ich folgen wollte. Während man in der Schule als engagierter Christ eher zu einer etwas sonderbaren Spezies gehörte, war hier ein Ort, an dem die eigenen Fragen Resonanz hervorriefen. Die Konflikte der KjG-Bundesebene mit den Bischöfen, der Streit um das berühmte »rote Liederbuch« und Ähnliches, das bekam ich damals freilich noch nicht mit.

Ich selbst war in der KjG mit neun einfach nur als Kind bei den Zeltlagern dabei. Als Jugendlicher nahm ich dann an Gruppenleiterschulungen auf Bezirks- und Diözesanebene teil und gründete zusammen mit ein paar Freunden 1992 eine eigene KjG-Gruppe in meiner Heimatpfarrei – mit Gruppenstunden, Jugendgottesdiensten und vielen anderen Aktionen. Mit Beginn des Theologiestudiums und meines Eintritts ins Priesterseminar kam mein ehrenamtliches Engagement in der KjG vollständig zum Erliegen. Ich war zwar noch Mitglied und besuchte auch das eine oder andere Zeltlager, aber die Kontakte wurden weniger. Erst als Kaplan in Landau engagierte ich mich neu und wurde Geistlicher Leiter auf Bezirksebene. Über die Diözesanversammlung gelangte ich in den Hauptausschuss der KjG und wurde 2004 zum Geistlichen Leiter auf Diözesanebene gewählt. Dies war eine hauptamtliche

Stelle und so begann meine Zeit im Bischöflichen Jugendamt. Dazu übernahm ich das eine oder andere Amt oder diverse Aufgaben auf Bundesebene, ich war voll dabei.

Die KjG war für mich über Jahrzehnte Heimat in dieser Kirche und wesentlicher Teil meines Lebens und sicher auch meines Berufungsweges zum Priester in dieser Kirche. Doch ich sehe durchaus auch negative Facetten und verkläre nicht einfach nur alles. KjG bedeutete leidenschaftliches Streiten und Diskutieren, leider nicht nur konstruktiv. Ich habe sehr unschöne Personaldebatten als Jugendlicher in meinem Heimatbezirk miterlebt. Auch gipfelte der Streit zwischen den Bischöfen und der KjG im Bistum Speyer 1985 in der Gründung eines neuen Verbandes: *Junge Kirche Speyer*. Dieser Verband sollte, anders als die eher linkspolitische KjG, fromm und kirchlich sein. So wollten es die Gründer. Die Entwicklung war eine andere und ich habe viele engagierte, aber ebenso kritisch-konstruktive Menschen in diesem Verband erleben dürfen. In den Anfangsjahren rund um die Gründung kam es aber zu vielen Verletzungen, Misstrauen und Streit. Ich habe das damals zwar nur am Rande mitbekommen, aber bei manchen hielten diese Kränkungen und Verletzungen über Jahre an – auch zwischen den beiden Verbänden. Doch alles in allem war »die KjG« ein toller Lernort für Demokratie und Mitbestimmung. Hier konnte ich mich aktiv einbringen, erlebte neue Formen von Liturgie und bekam die Möglichkeit, unterschiedlichste Gottesdienstformen mitzugestalten.

Ich habe in den Jahrzehnten tolle Frauen und Männer erlebt, die sich auf den ganz unterschiedlichen Ebenen eingebracht und mit großer Leidenschaft auf Ungerechtigkeit und Probleme in Kirche und Gesellschaft aufmerksam gemacht haben und sich für Veränderungen einsetzten. Eine Gruppierung, die ich zum ersten Mal auf einer Bundeskonferenz erlebte, war *KjGay*. Hier fanden sich Frauen und Männer, die schwul oder lesbisch waren und sich in der KjG engagierten. Alle hatten schon damals in der KjG selbstverständlich eine Heimat und waren Teil einer großen Gemeinschaft.

Oder: Interessant fand ich auch die unterschiedlichen Priestertypen, die ich im Lauf der Jahre zuerst in den Zeltlagern, Herbstfreizeiten und später auch bei Pfarr- und Bezirksversammlungen, bei Gruppenleiterschulungen, Besinnungswochenenden und diversen Feten und anderen Veranstaltungen erlebte. Wir bereiteten zusammen mit ihnen Jugendgottesdienste und Frühschichten vor. Obwohl sie alle sehr unterschiedlich waren, waren sie bis auf wenige Ausnahmen alle bereit, demokratische Strukturen zu achten und in einer sehr partnerschaftlichen Form KjG und damit auch Kirche an sich zu leben. Mich prägte dabei insbesondere, dass eben nicht der Priester der »Chef« bei den Lagern war, sondern die gewählte Lagerleitung. Hier war Kirche nah dran und Teil des Lebens junger Menschen. Ein Miteinander, das Leben und Glauben bereicherte, und zwar bei allen Beteiligten.

Denn gleichzeitig gab es eine andere Wirklichkeit. Jugendliche, die sich an uns wandten, weil der neue Pfarrer auf einmal meinte, das inhaltliche Programm der Gruppenstunde vorgeben zu können. Oder Jugendliche, die mit viel Engagement und Herzblut Gottesdienste vorbereiteten und dabei Gebete formulierten, Fürbitten schrieben und sich statt der Predigt eine Aktion überlegten; und die plötzlich erdulden mussten, dass Texte zensiert oder einfach alle Vorschläge pauschal und unkommentiert verboten wurden.

Ich selbst musste eine ähnliche Erfahrung machen, die mir die Tatsache der Bubble schmerzhaft vor Augen führte. Auf Bezirksebene und später auf Diözesanebene hatte ich als Jugendlicher diverse Gruppenleiterschulungen besucht. Mit ungefähr sechzehn wollte ich endlich auch Gruppenleiter sein. In meinem Dorf gab es damals aber noch keinen KjG-Verband. Einer Freundin, die die gleichen Schulungen besucht hatte und aus einem Vorort von Frankenthal stammte, ging es ähnlich. So entstand beim Bezirksvorstand die Idee, dass wir in einer KjG-Pfarrei, in der die Gruppenstunden eingeschlafen waren, doch wieder ein neues Angebot starten könnten. Wir beide sollten hier gemeinsam eine Gruppenstunde leiten. Wir waren Feuer und Flamme und die Notwendigkeit, sich beim Pfarrer vorzustellen, sahen wir als reine Formsache an. Wir beide radelten in jene Pfarrei und klingelten am Pfarrhaus. Die Tür wurde geöffnet und der Pfarrer stand im Türrahmen. Wir stellten uns vor und schilderten unser Anliegen. Er schaute uns eher abschätzig an und fragte uns dann nach dem Tagesheiligen jenes Tages. Wir mussten beide passen. Aber wir bekamen die großzügige zweite und dritte Chance, den Tagesheiligen von gestern oder von morgen zu nennen. Wir mussten wieder passen. Der Pfarrer musterte uns noch abschätziger, zuckte mit den Schultern und erklärte uns, dass er uns dann wohl kaum brauchen könnte. Die Tür schloss sich – wir hatten Tränen in den Augen. Ich war so unendlich wütend und gleichzeitig hilflos, fassungslos und sprachlos. Mit keinem Ton hatte der Pfarrer unser Engagement gewürdigt. Jene Freundin hatte danach davon genug und zog sich zurück. Bei mir sorgte dieses Ereignis dafür, dass ich zusammen mit ein paar Freunden eben in unserer eigenen Pfarrei eine KjG gründete. Hier war es anders, denn sowohl unser Pfarrer als auch unser Pastoralreferent schätzten dies sehr. So eng lagen sie beieinander, zwei völlig unterschiedliche Welten.

Jene Freundin hatte damals resigniert. In anderen Fällen erlebte ich sogar Angst vor Autoritäten selbst oder bei den Kolleginnen und Kollegen in der Diözesanleitung der KjG in Speyer und noch viel mehr sogar in anderen Diözesanverbänden. Mehr noch als Angst aber Befremden und eine Zwei-Reiche-Lehre, wenn die eigene Realität nichts mit der anderen zu tun hatte. Oder müsste man sagen: Wenn die andere Realität eine Sonderwelt war? Ich erinnere mich in diesem Zusammenhang an verschiedene Gespräche unserer Diözesanleitung mit dem damaligen Bischof. Zum einen wollten wir das selbst, weil wir unsere Anliegen direkt deutlich machen wollten; gleichzeitig wusste man bei Bischof Schlembach nie so genau, was passieren würde. Er wusste immer sehr genau, was über uns in der Kirchenzeitung oder der Regionalpresse stand. Selbst unsere Veranstaltungsflyer wurden unter die Lupe genommen. Ich erinnere mich noch gut an eine Runde, in der es um einen Flyer zu einem Wochenende des Jungen-Erwachsenen-Arbeitskreises zum Thema »Liebe und Sexualität« ging. Auf der Vorderseite waren zwei Maikäfer abgedruckt, die sich bekrabbelten. Der Bischof schaute das Bild an, glücklicherweise war es die Zeit der schlechten Schwarz-Weiß-Fotokopien, und er konnte es nicht so richtig erkennen. Er ließ also vom Bild ab, fand aber trotzdem noch mehr als genug, was ihm nicht passte. Diskutieren konnte man nicht darüber, man ließ es am besten über sich ergehen. Ich hatte meist den Eindruck, dass wir in zwei vollkommen getrennten Welten zu Hause waren. Damals glaubte ich noch, dass man diese Welten versöhnen und sie sich treffen könnten, doch eigentlich war die Diskrepanz schon damals zum Greifen nahe. Jahre später, in Vorbereitung auf die Familiensynode im Herbst 2014, hatte der Papst die Bischöfe gebeten, eine Umfrage unter ihren Gläubigen durchzuführen, inwieweit die Lehre der Kirche mit der gelebten Praxis übereinstimmte. Ich kann mich noch gut erinnern, als damals offensichtlich wurde, was alle längst vermutet hatten: Die Kluft zwischen Lehramt und persönlicher Einstellung der einzelnen Gläubigen war riesig. Die Lehre der Kirche wurde mit überwältigender Mehrheit als welt- und beziehungsfremd angesehen – und dies nicht nur bei uns in Deutschland.

In den Jugendverbänden war die Leitung auf Diözesanebene immer gewählt und damit auch gleichberechtigt in der Leitung. Aber natürlich waren wir von unserer Erfahrung, unseren beruflichen Kompetenzen und auch unserem Arbeitsumfang für die KjG sehr unterschiedlich aufgestellt. Wir hatten in Speyer eine Diözesanleiterin, die diese Aufgabe in Vollzeit versah, ich selbst hatte eine halbe Stelle und zumeist standen uns zwei weitere Mitglieder in der Diözesanleitung zur Seite, die diese Aufgabe im Ehrenamt neben Schule, Zivildienst oder Studium übernahmen. Ich habe in den sechs Jahren bei der KjG unterschiedlichste hauptamtliche Diözesanleiterinnen erlebt. Diese Frauen waren hochkompetent und in den unterschiedlichsten Themenfeldern sehr gut informiert und oft besser auskunftsfähig, als ich dies war. Trotzdem gab es immer wieder Situationen, in denen man sich von außen an uns wandte und nur den Priester sprechen wollte. Dabei spielte es gar keine Rolle, ob ich für den Themenbereich zuständig war oder nicht. Man wollte den Priester, weil man dies so gewohnt war. Verbandsintern wäre so etwas nicht passiert, aber innerhalb des Systems Kirche war scheinbar immer klar, dass der Priester den Ton angibt und daher sollte man besser mit ihm reden. So kam es häufig vor, gerade in meinen ersten Jahren als Geistlicher Leiter, dass ich angerufen wurde und nach meiner Meinung gefragt wurde oder Dinge entscheiden sollte. Selbstkritisch muss ich heute allerdings gestehen, dass ich das Spiel vor allem in meiner Anfangszeit viel zu oft mitgespielt habe. Ich fühlte mich eher gebauchpinselt denn auf- oder gar abgeschreckt, wenn der zuständige Hauptabteilungsleiter, der Generalvikar oder gar der Bischof etwas von mir wollten. Was dies mit der Kollegin machte, darüber dachte ich damals nicht nach. Ich war dankbar, dass die Kolleginnen mir den Spiegel vorhielten und mir ihre Kränkungen deutlich machten. Leider muss ich rückblickend sagen, dass es mir zu oft nicht selbst aufgefallen ist. Dies alles hat vor allem sie viel Kraft und Energie gekostet und ohne gute Supervision und Teambildung hätten wir das nicht geschafft.

Die Jahre bei der KjG waren dadurch für mich als Jungpriester eine harte Schule, weil ich doch nicht nur in der KjG, sondern eben zunehmend auch in der anderen Welt von Kirche sozialisiert worden war und wurde. Dazu komme ich gleich noch. Doch diese harte Schule war notwendig in Bezug auf viele Einstellungen, auch zum Beispiel in Bezug auf inklusive Ansprache von Frauen und Männern. Über Sternchen und Fragen nach Transidentität und -sexualität wurde bei uns damals noch nicht diskutiert. Aber wir sprachen sicherlich anders darüber und das verändert die eigene Sichtweise. Mir ist das selbst bestimmt nicht immer gut gelungen und ich habe mich auch an Machtspielchen beteiligt. Dass und wie sehr darunter manche Menschen litten, vor allem Frauen, das wurde mir erst langsam klar.

Woran ich nicht mehr glaube – oder: die berühmten Eisen, noch heiß oder längst kalt?

Vielleicht ist es an dieser Stelle gut, kurz zu skizzieren, welche Rolle die Stellung der Frau in Kirche für die entfremdete Kirche spielt. Im kirchlichen Jargon floskelt man ja gerne von einem »heißen Eisen«. Nur ist dieses Eisen und sind die anderen lediglich innerhalb von Kirche und selbst dort nur in bestimmten wenigen Teilen »heiß«. Im Rest sind sie »kalt«, nicht im Sinne von »egal«, sondern von »selbstverständlich«. Gerade daran erkennt man, wie weit dieser Teil von Kirche vom Rest der Gesellschaft entfernt ist und umgekehrt. Weltfremd bedeutet dort nicht, Hüter einer besseren Realität zu sein. Weltfremd bedeutet dort wirklichkeitsfremd und unmenschlich, und zwar im Wortsinne.

Die Ungleichbehandlung zwischen Männern und Frauen in Kirche realisierte ich zum ersten Mal, als in unserer Gemeinde ein auswärtiger Pfarrer vertretungsweise bei uns ein Sterbeamt feiern sollte. Wir Ministrantinnen und Ministranten waren schon umgezogen, als er uns erklärte, dass er nur Jungs als Ministranten wolle und die Mädchen den Gottesdienst in der Bank mitfeiern sollten. Kollektiv weigerten wir uns damals und erklärten ihm, dass wir entweder alle ministrieren würden oder keiner von uns. Es ministrierten dann alle.

Dieser »revolutionäre« Geist trat in meinen Jahren im Priesterseminar sehr in den Hintergrund. Nicht nur der Geist, sondern ich, ich war weniger revolutionär. Und gemeinsam waren wir Männer unter uns und genügten uns auch irgendwie selbst. Natürlich gab es Kontakte zu Kommilitoninnen und Kommilitonen, die sich nicht auf die Priesterweihe vorbereiteten. Doch mein Leben gestaltete sich in erster Linie in unserer männlichen Seminaristenblase.

Begonnen hatte mein Studium im Wintersemester 1994/1995 in Mainz. Wie vorher geschrieben, erinnere ich mich noch gut daran, dass 1995 die ersten engagierten Menschen samstags auf dem Wochenmarkt Unterschriften für die Aktion *Wir sind Kirche* sammelten. Und daran, wie Papst Johannes Paul II. in *Ordinatio sacerdotalis* erklärte, dass die Kirche keinerlei Vollmacht habe, Frauen die Priesterweihe zu spenden. Ich erinnere mich an mich als Verteidiger der »wahren« Lehre und wortreicher Erklärer auf dem Wochenmarkt, dass ich so etwas niemals unterschreiben werde. Heute frage ich mich oft, ob diese Aktion von *Wir sind Kirche* zum damaligen Zeitpunkt vielleicht die Situation der Kirche noch mal hätte ändern können. Jene Frauen und Männer, die damals aufgestanden sind, die Unterschriften eingesammelt und bei Priesterweihen Flyer verteilt haben, die waren hoch engagiert und haben schon damals die zwingende Notwendigkeit für Veränderungen gesehen. Ich war damals noch zu verstockt und habe die unbedingte Notwendigkeit für Veränderungen nicht gesehen und sie stattdessen eher belächelt.

Möglicherweise haben viele so gedacht, teils aus Bequemlichkeit und teils aus Unverständnis. So blieb es das Engagement einiger weniger, und heute, mehr als 25 Jahre später, sind wir zu spät dran. Wir haben so viel wertvolle Zeit verschwendet. Wir sind heute noch an den gleichen Themen dran; noch schlimmer, wir sind an den gleichen Themen dran, die Kirche auch schon bei der *Würzburger Synode* vor knapp 50 Jahren behandelt hat. Wir haben den Kairos verpasst. Ich schreibe dies, auch wenn ich bei einigen meiner Mitarbeitenden und auch in meinem Freundes- und Bekanntenkreis sehe, wie viele Menschen solch große Hoffnungen auf den *Synodalen Weg* setzen. Ich wünsche ihnen so sehr, dass ihre Hoffnungen nicht enttäuscht werden. Doch ich habe diese Hoffnung nicht mehr. Ich halte es für denkbar, dass in Frankfurt mutige und wegweisende Entscheidungen getroffen werden. Aber ich habe keine Hoffnung, dass diese weltkirchlich rezipiert oder gar akzeptiert werden. Ich frage mich gar nicht mehr, ob und welche Änderungen Rom zulässt. Was ich mich frage: Wer fängt die Enttäuschung und die Enttäuschten auf?

Die Rolle der Frau in Kirche als »heißes« Eisen und das Apostolische Schreiben *Ordinatio sacerdotalis* verdeutlichen aus meiner Sicht noch etwas Grundsätzliches, weniger mit Blick auf den Inhalt, sondern die Form: Ich könnte mich jetzt lange über die Bedeutung des Ersten Vatikanischen Konzils auslassen und im Besonderen über den Jurisdiktionsprimat und die Unfehlbarkeit des Papstes. Dabei ist sicher positiv festzuhalten, dass die Päpste mit den Möglichkeiten, die ihnen das Konzil an die Hand gegeben hat, äußerst zurückhaltend umgegangen sind. Und doch habe ich den Eindruck, dass im Nachgang, bis in unsere Tage hinein, alle Äußerungen der Päpste ein Hauch von Unfehlbarkeit umgibt. Das ist dogmatisch natürlich Quatsch. Doch dieser Hauch umweht auch *Ordinatio sacerdotalis* und sorgt so für eine De-facto-Unfehlbarkeit und De-facto-Unveränderlichkeit.

De-facto-Unfehlbarkeit eben in dem Teil, in dem dieses Eisen »heiß« ist. De facto nicht in großen Teilen von Gesellschaft (sicher, auch dort gibt es solche Teile, das soll gar nicht schwarzweiß gemalt werden, reaktionäre Kirche hier und fortschrittliche Gesellschaft dort) und de facto nicht in immer größeren Teilen von Kirche. Und zwar nicht erst seit ein paar Jahren. In meiner Studienzeit mussten Seminaristen nach ihrem Vordiplom für zwei Semester außerhalb eines Priesterseminars leben und in dieser Zeit auch den Studienort wechseln. Ich entschied mich dazu, vom Wintersemester 1996 bis zum Sommersemester 1997 an der University of St. Thomas in St. Paul in Minnesota in den USA zu studieren. Der theologische Fachbereich war ein Ort großer Weite, an dem Theologie offen und zeitgemäß gelehrt wurde. Es gab immer wieder Begegnungen mit Professoren auf dem Campus bei Abendveranstaltungen und wir diskutierten manchmal ganze Nächte bei amerikanischen Softdrinks, Dosenbier und hin und wieder auch mal Wein aus dem Nappa Valley. Um einen meiner damaligen Professoren hatte sich eine Gruppe gegründet, die half, Essen an AIDS-Kranke auszufahren. Jene Männer, die mit dem HI-Virus infiziert waren, waren oft vollkommen isoliert, selbst engste Freunde hatten sich zurückgezogen. Wir waren für sie der einzige Kontakt in die Welt und gleichzeitig bereicherten sie meine Welt ungemein.

An dieser Universität lernte ich extrem progressive Ordensfrauen kennen, die mein kleines katholisches Weltbild gewaltig
auf den Kopf stellten. Diese Frauen waren exzellente Profes-
sorinnen und auch ganz selbstverständlich wortgewaltige Pre-
digerinnen in Gottesdiensten. Eine weitere Dimension lernte
ich durch einen anglikanischen Priesteramtskandidaten aus
Südafrika kennen, der mich immer wieder zu Gottesdiensten
in verschiedenen episkopalen Kirchen mitnahm. Dort erlebte
ich zum ersten Mal eine Frau als Priesterin und Vorsteherin der
Liturgie. Im Anschluss an diese Gottesdienste gab es nicht nur
den obligatorischen Kaffee, sondern immer wieder wurde nach
guter anglikanischer Tradition ins Pfarrhaus zu einem Sherry
geladen, wo sich großartige Gespräche mit Priesterinnen und
Diakoninnen ergaben. All diese Frauen haben mich noch einmal auf ganz andere Art religiös und spirituell inspiriert und
geprägt. Zudem wurde mir bei diesen Begegnungen zum ersten Mal bewusst, wie sehr man, wie sehr ich, in meinen eigenen Rollenbildern gefangen war. Natürlich hatte ich schon
einmal evangelische Pfarrerinnen im Talar gesehen. Doch erst
diese Frauen in Minnesota, die Messgewänder in liturgischen
Farben trugen, wie es eben auch in meiner kirchlichen Tradition üblich war, sorgten dafür, dass auch ich scheinbare Un-
verrückbarkeiten zu hinterfragen begann.

Doch noch reichte das Hinterfragen nicht aus, um (Un-)
Verrückbarkeiten wirklich zu verrücken. Obwohl ich in
den Jahren danach großartige Frauen erleben durfte, war
ich sehr in den Denkmustern meiner Kirche verhaftet.
Selbst Berichte über Frauen, die davon sprachen, dass sie
sich berufen fühlten, tat ich meist ab, rückblickend in einer

überheblichen Art und Weise. Erst nach und nach fiel es mir schwerer, und irgendwann war es unmöglich, Begründungen gegen die Frauenordination zu finden. Aber schon am Ende meiner Studienzeit in Mainz empfand ich das Denk- und Redeverbot durch Papst Johannes Paul II. in *Ordinatio sacerdotalis* als Frechheit und aus der Zeit gefallen. Heute macht es mich regelrecht aggressiv, immer wieder mitzubekommen, dass man Frauen Probleme bereitet, die sich auf theologische Lehrstühle bewerben, aber sich noch nicht klar genug zum Thema Frauenordination geäußert haben. Klar, das heißt implizit negativ, versteht sich.

Aggressiv wurde ich, aber eben nicht mutig. In kleinen Diskussionsrunden sprach ich mich auch für die Frauenordination aus, aber nicht öffentlich. Es war gar nicht so sehr die Angst, keine Karriere machen zu können, sondern viel mehr die Sorge, bei den Mitbrüdern sowieso, aber eben auch bei Gläubigen die teilweise sehr unterschiedlichen Sichtweisen dazu zusammenzubringen. Ein Beispiel, das das gut verdeutlicht, ist ein Ereignis während meiner Zeit als Pfarrer in St. Ingbert. Ich war zum Dekan gewählt worden und die beiden Frauenverbände im Saarpfalz-Dekanat luden mich zum *Tag der Diakonin* ein. Dieser Tag wird seit 1998 immer am Gedenktag der heiligen Katharina von Siena begangen. Es fand also ein Gottesdienst statt und ich wurde gefragt, ob ich die Predigt halten wolle. Meine Rückfrage, ob es nicht besser wäre, wenn an diesem Tag Frauen predigten, führte nur dazu, dass umso mehr meine Predigt gefordert wurde. Ich vermute heute, um mir auf den Zahn zu fühlen und herauszufinden, wie ich zu diesen Fragen stünde. Was ich damals gepredigt habe, weiß ich nicht mehr. Doch ich weiß noch genau, dass es kurz danach von einigen Pfarrei-mitgliedern entsetzte Mails hagelte.

Dieser Konflikt in unserer Kirche ist komplexer, als einfach nur Bischöfe auf der einen Seite und Kirchenvolk auf der anderen Seite. Dieses Motiv wird später noch bei anderen Themen auftauchen und darin steckt ein weiteres, grundsätzliches Problem mit Blick auf Kirchenreformen. Wer will reformieren – und wer will überhaupt Reformen? Es stehen sich nicht nur Klerus und Laien gegenüber. Es stehen sich auch Klerus und Klerus und Laien und Laien gegenüber. Der Riss zwischen jenen, die sich Veränderung wünschen, und jenen, die sich in eine scheinbar heile Welt zurücksehnen, verläuft durch den Episkopat und die Priesterschaft und genauso durch alle Gläubigen. Diese Tatsache darf nicht unterschätzt werden, weil sie einerseits Ausreden liefern, aber auch wirklich belasten kann. Ich selbst verstand mich in meinem Amt als Brückenbauer und in meiner Zeit als Pfarrer in St. Ingbert erlebte ich zwar viele progressive und aufgeschlossene Menschen, aber auch jene, die sich mit allen Veränderungen unendlich schwertaten. Hier für beide Seiten da zu sein, war nicht leicht. Von irgendjemandem entfremden sie sich immer.

Als ich Generalvikar wurde, hat Bischof Wiesemann mir einmal gesagt, dass wir viel zu oft auf die wenigen lauten Bewahrer hören würden, aber nie auf all jene, die unsere Kirche still und leise verlassen haben. Dieser Satz hat meine Sichtweise deutlich verändert. Bei all den wütenden Protestmails, die ich immer wieder bekommen habe, habe ich mir immer versucht vorzustellen, was jene getauften Christen dazu sagen würden, die aus der Kirche ausgetreten sind und deren Stimme immer leise und still war.

So wurde ich langsam mutiger und nahm irgendwann bezüglich der »Frauenfrage« (was für ein abschätziger Begriff eigentlich!) kein Blatt mehr vor den Mund. Während ich noch 2020 im Vorgespräch zu einem Fernsehinterview darum bat, nur auf die Diakoninnenweihe angesprochen zu werden, äußerte ich mich schon kurze Zeit später in Printmedien und im Internet auch zur Priesterweihe der Frau. Ich will mich damit nicht brüsten, viel zu lange habe ich dazu gebraucht. Als ich in dem Buch *Weil Gott es so will* von Sr. Philippa Rath die vielen Zeugnisse von berufenen Frauen gelesen habe, wurde mir mein Versagen und langes Schweigen noch einmal neu sehr deutlich vor Augen geführt: Der Heilige Geist schenkt seiner Kirche wunderbare Berufungen großartiger Frauen und wir sind so borniert, dass wir das nicht sehen und einfach negieren. Seelsorge findet dann in immer größeren Räumen statt und jene Frauen und Männer, die in der Seelsorge arbeiten, zerbrechen an den Aufgaben. Das macht mich unendlich wütend und fassungslos. Was nehmen wir uns da eigentlich als Kirche raus? Warum halten wir es nicht mehr wie Paulus, den man doch auch sonst in der Kirche gerne zitiert: »Da gibt es nicht mehr Juden und Griechen, Sklaven und Freie, da gibt es nicht Mann und Frau. Denn ihr alle seid einer in Christus Jesus.« (Galater 3,28)

Gleichzeitig war mir sehr wohl bewusst, dass ich in meinem Bereich etwas tun muss. Zu meinem Verantwortungsbereich zählt es, dass ich Moderator der Bischöflichen Kurie bin. Hinter diesem schillernden Begriff verbirgt sich die Leitung des Bischöflichen Ordinariats. Nachdem man als Generalvikar keine Frauen weihen kann, war es mir wichtig, dass wir Frauen auf Leitungspositionen innerhalb des Hauses setzten. Traditionell waren diese Hauptabteilungen immer mit Domkapitularen besetzt oder direkt beim Generalvikar angedockt. Es gibt im Ordinariat fünf Hauptabteilungen und da ist es mir gemeinsam mit dem Bischof gelungen, dass wir zwei Hauptabteilungsleitungen mit Frauen besetzten und eine weitere Hauptabteilung mit einem Mann, der kein Kleriker ist. Natürlich ist das noch keine Revolution, aber es ist ein Anfang. Gleichzeitig sehe ich aber sehr wohl, dass hier noch viel zu tun ist, denn bei den Abteilungs- und Referatsleitungen sowie bei den Außenstellen sind wir noch weit weg von einer echten Gleichstellung der Geschlechter.

Zölibat:
Gehen Sie bitte – und zwar still und leise

Ich weiß, ich weiß: Vermutlich will man zum Thema »Zölibat« nichts mehr hören oder lesen. Verstehe ich, geht mir oft auch so. Zugleich ist diese Praxis ein entscheidender Pfeiler im Kirchengebäude, das einzustürzen droht. Mir kommt es manchmal vor, als ginge es manchen besonders erbitterten Zölibatsverteidigern längst um etwas anderes, so als ob das Kirchengebäude anderenfalls einstürzen könnte. Hauptsache, dieser Pfeiler steht noch. Deshalb soll er bei den »heißen« Eisen nicht vergessen werden, auch weil mir unzählige Erlebnisse einfallen, die die Dramatik, Traurigkeit und manchmal auch Absurdität veranschaulichen.

Ich denke zum Beispiel zurück an den Sommer 1994: Als Speyerer Priesteramtskandidat studierte ich im Priesterseminar in Mainz und an der Johannes-Gutenberg-Universität in Mainz. Wir waren zehn Seminaristen im Kurs und bei aller Unterschiedlichkeit in unseren Persönlichkeiten waren wir doch eine Truppe, die auch einmal etwas zusammen unternahm. In unserem ersten Studienjahr beispielsweise organisierten wir einen Ausflug nach Fulda – meiner Erinnerung nach ohne jemanden von der Hausleitung. Wir waren zu keinem Gottesdienst dort, sondern schlenderten einfach als eine Gruppe junger Männer durch den Dom. Als wir am Grab des heiligen Bonifatius standen, tauchte plötzlich und für uns alle ziemlich unerwartet Erzbischof Johannes Dyba auf und sprach uns sofort an, ob wir Seminaristen seien. Vermutlich könnte man schon darüber ein eigenes Kapitel schreiben, denn natürlich trug niemand von uns ein Collarhemd und doch gab es vermutlich ein paar verbindende äußere Merkmale, wie ich heute rückblickend selbstkritisch anmerken würde …

Aber gut, zurück zu jener Begegnung mit Erzbischof Dyba. Die Spannungen zwischen ihm und dem Mainzer, also »unserem« Bischof Karl Lehmann waren damals bekannt. Lehmann erlebten wir in der Regel bei Pontifikalämtern im Dom, bei bestimmten festlichen Aktivitäten im Priesterseminar und hin und wieder bei einem Vortrag oder Ähnlichem. Ansonsten gab es keine Begegnungen. Jetzt aber lud uns Erzbischof

Dyba, der uns gerade fünf Minuten kannte, ins Bischofshaus ein. Er sagte, dass er noch kurz etwas erledigen müsse, erklärte uns den Weg und wir sollten uns dort treffen. Der Erzbischof empfing uns tatsächlich wenig später und versorgte uns mit Getränken. Dieser Teil ist mir deswegen noch so gut in Erinnerung, da es kleine Cola-Flaschen gab. Da diese ungekühlt waren, bat er den Bischofskaplan, »Eis zu hacken«. Vermutlich gelang es dem guten Mann nicht, jedenfalls rannte Erzbischof Dyba irgendwann aus dem Raum mit der Bemerkung, dass er dies wohl besser selbst mache. Wieder zurück vom Eishacken begann der Erzbischof, von seiner Zeit als Nuntius in Kinshasa, Kairo und noch einigen weiteren afrikanischen Staaten zu erzählen. Spannend und unterhaltsam. Dann verriet er, dass er sich mit Agatha-Christi-Romanen auf Deutsch und der jeweiligen Landessprache als Autodidakt die Sprache beigebracht hatte. Für mich war das eine vollkommen neue Welt. Mir war zwar bewusst, dass es Nuntiaturen gab, aber dass jemand so unkompliziert darüber sprach, fand ich faszinierend, und ich weiß noch sehr gut, dass ich innerlich ein paar Mal dachte: Mann, der ist nett, sympathisch und so zugewandt. Während ich aber darüber noch sinnierte, nahm unser Gespräch plötzlich eine total andere Wendung. Irgendwann hatte der Erzbischof von seinen Geschichten genug und wollte nun von uns wissen, wer wir seien und was unsere Berufungsgeschichte ausmache. Irgendjemand sagte dann so einen Satz wie: »Na ja, mal schauen, ob ich am Ende wirklich Priester werde, ich hadere noch mit dem Zwangszölibat.« Danach war nichts mehr wie zuvor. Der Erzbischof hielt inne und der unterhaltsame Geschichtenerzähler und interessierte Zuhörer war verschwunden. Dyba begann zu dozieren und erklärte uns ausgiebig die wichtige Bedeutung des Zölibats für das Leben der Priester im Einzelnen und für die Kirche im Ganzen. Ich weiß heute nicht mehr, was mich damals veranlasst hat, aber ich fühlte mich herausgefordert und wandte ein, dass es ja durchaus Priester gäbe, die an ihrem Zölibat auch litten, und gleichzeitig hätten wir doch in den unierten Kirchen auch verheiratete Priester. Der Erzbischof fixierte mich und schwieg. Ich erinnere mich noch heute an seinen durchdringenden Blick. Alle anderen waren ganz still und dann fragte er mich: »Haben Sie so einen Priester schon einmal gesehen?«

Ich darauf: »Nein.«

Er, mit ausgestreckten Zeigefinger: »Dann reden Sie doch nicht so einen Blödsinn.«

Ich war damals vollkommen geschockt. Ich wusste nicht, was das bedeuten sollte, aber ich sagte gar nichts mehr. Dyba dozierte noch kurz darüber, dass man diese Priester in den unierten Kirchen nicht mit denen in der lateinischen Kirche vergleichen könne, ohne Argument freilich. Kurze Zeit später war alles vorbei und ich froh, als ich wieder draußen frische Luft schnappen und frei atmen konnte. Allerdings hatte ich in den folgenden Wochen echt Angst. Ich sorgte mich, dass Dyba seinen Mitbruder Schlembach anrufen und ihm erzählen könnte, dass ich in Bezug auf den Zölibat eine eigenartige Position hätte.

Heute muss ich darüber lachen, aber damals war das eine echte Sorge. Das zeigt: Allein eine andere Meinung in Bezug auf den Zölibat konnte uns damals gedanklich kasernieren.

Das sagt viel aus über eine Kirche, deren derzeitiges Oberhaupt immer wieder die Parrhesia, den Freimut zu sprechen, als entscheidende christliche Tugend herausstreicht. Die Gleichung, die wir damals gelehrt bekommen hatten, lautete anders: Zölibat vor Parrhesia. Ich glaube, dass dieses Erlebnis uns auch als Kurs geprägt hat. Ein paar Monate später gab es nämlich ein Besinnungswochenende mit unserem Spiritual zum Thema »zölibatäres Leben«. Pater Helmut Schmitt SJ war bei uns beliebt und wir hatten einen vertrauensvollen Umgang mit ihm. In diversen Impulsen sprach er über den Wert zölibatären Lebens, über die Zeichenhaftigkeit für unsere Welt. Seine Impulse waren stark biblisch orientiert. Das Leben Jesu wurde in den Blick genommen – ein Leben für andere ganz und gar – und so sollten auch wir verfügbar sein und uns durch nichts davon abhalten lassen. Dazu kamen die zentralen Stellen aus den paulinischen Briefen, Kirchenväterzitate. Bei all dem machte Pater Schmitt deutlich, wie sehr diese Lebensform auch eschatologisches Zeichen sei. Sicher war dabei manches auch hoch spiritualisiert, doch mich faszinierte, was er da sagte, und es gab mir viel Stoff zum Nachdenken in den Zeiten der Stille.

Am zweiten Nachmittag gab es wieder eine gemeinsame Gesprächsrunde mit ihm. Einer in unserer Gruppe unterbrach irgendwann die theologischen Höhenflüge und sprach von seinen Schwierigkeiten, den Ansprüchen gerecht zu werden und wirklich zölibatär zu leben. Er sprach von seinen Sehnsüchten, seiner Lust, von Masturbation, aber eben auch von seiner Angst zu versagen. Wir anderen schwiegen und schauten eher betreten drein. Auch ich sprang ihm nicht zur Seite.

Ich hielt meine Klappe, denn da spukte noch meine Angst vor den Auswirkungen des Dyba-Gesprächs in meinem Kopf herum. Zwar vertraute ich dem Spiritual, aber ich wollte auch den Kollegen keinen Anlass geben, dass ich jetzt schon wieder bei diesem Thema den »Laxen und Lauen« gab. Unser Kurs war also schon auf Kurs. Es hatte nur ein kurzes Treffen im Bischofshaus gebraucht.

Später wich die Angst der Komik. Die älteren Studierenden im Haus hatten uns schon vorgewarnt. Es wurden kleine Witzchen über dieses »Zöli-Wochenende« gemacht. Auch das war eine Art, wie man mit der unangenehmen Seite des Themas umgehen konnte, eine Form der Verdrängung. Es blieb bei theologischen Exkursen zum Thema. Viel kam nicht zur Sprache, auch Homosexualität nicht. Eher noch die Frage nach Familie und Kindern, doch das war für uns Anfang zwanzig weniger existenziell. Genau so wenig wie Eros, Erotik und Agape. Unsere Sehnsucht nach Nähe und Berührung, nach gelebter zwischenmenschlicher Sexualität oder Masturbation dagegen, all das war kein Thema. Und wir trauten uns nicht, es zum Thema zu machen.

Sicher hat sich seit meiner Studienzeit in einigen Seminaren manches geändert. Allerdings hat gerade die MHG-Studie in ihren Ergebnissen aufgezeigt, dass dies weder flächendeckend der Fall ist, noch ausreichend. So fand die Implementierung entsprechender Module in den Jahren 2001 bis 2003 statt, und der zeitliche Umfang war dabei in vier Diözesen ein Tag, in neun Diözesen ein bis zwei Tage und in sechs Diözesen mehr als zwei Tage. Vier Diözesen haben gar keine Angaben gemacht, da vermute ich leider auch nichts Gutes. Die Studie kommt in der abschließenden Zusammenfassung zu dem Ergebnis: »Zeit und Bedeutung, die der Thematik der (sozio-)emotionalen Persönlichkeitsentwicklung, Erotik und Sexualität in den Priesterseminaren eingeräumt wird, erscheinen angesichts der Herausforderungen, den der Zölibat lebenslang an katholische Priester stellt, knapp bemessen.«

Damals wäre es möglicherweise für uns viel einfacher gewesen, ins Gespräch zu kommen, hätten wir mit jemandem gesprochen, der extern mit uns gearbeitet hätte. Damals waren so viel Angst und Scham im Raum. Jeder von uns wollte den perfekten Seminaristen mimen, dem alles gut gelingt. Was dies aber auch an Kämpfen, an Versagensängsten und an Niederlagen bedeutete, wurde dadurch kaum in einem normalen Austausch geklärt, sondern war eher ein Thema für die Beichte. Damit wurden aber zutiefst menschliche Bedürfnisse immer mit dem Makel der Sünde verknüpft. Auf diese Weise wurden und werden normale Lebensvollzüge, ja, Sexualität im Ganzen pathologisiert. Das kann nicht gesund sein. Meine Erfahrungen aus den Neunzigerjahren des letzten Jahrhunderts stehen sicher beispielhaft für ganze Priestergenerationen, und ich glaube sogar, dass dies trotz mancher Veränderung bis heute nachwirkt. Das würde auch zu der Einschätzung des Forscherteams passen, das hierzu abschließend bemerkt: »Die Befunde des Forschungsprojektes legen nahe, dass die intensive, fachlich und persönlich fundierte Beschäftigung mit den Themen Sexualität und sexuelle Identitätsbildung in den Priesterseminaren zeitlich und inhaltlich äußerst knapp bemessen ist.« Macht der Zölibat dann im Umkehrschluss automatisch krank? Oder vielleicht muss man noch viel pointierter fragen, besonders auch angesichts der furchtbaren Missbrauchstaten, die durch Kleriker begangen wurden: Macht der Zölibat Priester zu Missbrauchstätern?

Die MHG-Studie, die ja sowohl Priester als auch ständige Diakone in den Blick genommen hat und hier einen deutlichen Unterschied beider Gruppen in Bezug auf Missbrauchsgeschehen wahrnimmt, macht auf Folgendes aufmerksam: »Auch wenn die Verpflichtung zum Zölibat sicherlich keine alleinige Erklärung für sexuelle Missbrauchshandlungen an Minderjährigen sein kann, legt der o. g. Befund nahe, sich mit der Frage zu befassen, in welcher Weise der Zölibat für bestimmte Personengruppen in spezifischen Konstellationen ein möglicher Risikofaktor für sexuelle Missbrauchshandlungen sein kann. Die Thematik wird in der Literatur kontrovers diskutiert. Die Positionen reichen von Empfehlungen zur Abschaffung des Zwangszölibats, weil er als Risikofaktor für sexuellen Missbrauch gesehen wird (Royal Commission into Institutional Responses to Child Sexual Abuse, 2017), bis hin zur Aussage, dass die Koppelung der Debatten um sexuellen Missbrauch durch Kleriker und dem Zölibat einer wissenschaftlichen Grundlage entbehre (Leygraf et al., 2012).«

Die Problematik des Zölibats verschärft sich aus meiner Sicht in erster Linie dadurch, dass er als obligatorisch für die Priesterweihe angesehen wird. Dazu kommt, dass die Moraltheologie, abgesehen von wenigen Ausnahmen, eine extrem negative Sicht der Sexualität hat.

Wenn für den Priester jede Form gelebter Sexualität in der moralischen Bewertung zur Sünde wird, dann wird alles nivelliert: Es ist dann egal, ob sich jemand selbst befriedigt, eine Beziehung mit einem Mann oder einer Frau lebt, in einer pornografischen Scheinwelt lebt oder eben schwerste Verbrechen begeht, indem er ein Kind missbraucht – das ist alles Sünde. Es ist dringend notwendig, die tief sitzende Sexualfeindlichkeit endlich aufzugeben, die wir seit Augustinus mit uns herumtragen. Auch muss endlich Schluss sein, die Asexualität zu überhöhen. Ich bin sicher: Dann wäre das Priesteramt weniger attraktiv für die, die sich momentan dorthin flüchten, im sicheren Bewusstsein, dass Sexualität nicht thematisiert wird und man daher auch mit einer unreifen Sexualität in diesem Beruf starten kann. Insofern braucht es grundsätzliche Änderungen in der Neubewertung von Sexualität in der Moraltheologie und vor allem eine viel professionellere Vorbereitung und Begleitung der zölibatären Lebensform.

Macht der Zölibat also automatisch krank? Nein, es gibt die Priester, die in der zölibatären Lebensform erfüllt und glücklich leben. Möglicherweise haben auch sie ihre Kämpfe, aber sie bereuen ihre Entscheidung nicht. Allerdings ist diese Gruppe, so meine jahrzehntelangen Erfahrungen, eher klein. Mich hat sehr bewegt, als vor ein paar Jahren eine ganze Reihe älterer Priester im Rahmen eines Jubiläums erzählte, dass sie diese Entscheidung, obwohl sie ein Leben lang treu und aufrichtig zu ihrem Versprechen gestanden haben, rückblickend am meisten bereut haben. Aus diesem Grund kann ich auch gut verstehen, dass sich in den letzten Jahren immer wieder Priester wünschen, ihr Leben in kleinen Gemeinschaften

(Vita communis) zu leben. Man lebt zusammen, betet und isst gemeinsam und teilt auf diese Weise sein Leben mit anderen. Ich habe den Eindruck, dass dieses gemeinschaftliche Leben für etliche hilfreich ist und eine echte Stütze. Vielleicht ist genau dies auch die Chance, wie zölibatäres Leben in Zukunft gewinnbringend gelebt werden kann: in klösterlichen Gemeinschaften und in einer Vita communis von Diözesanpriestern.

In diesem Kontext wird viel über ein anderes großes Thema gesprochen, das Thema »Haushälterin«. Hier geht es mir nicht um jene Frauen, meist sind es Frauen, die für ein paar Stunden putzen und die Wäsche machen, sondern die, die im Pfarrhaus mitleben. Ich kann mir schon vorstellen, dass viele in diesem Begriff einfach nur das Synonym für Partnerin wittern. Das gibt es natürlich, und ich kenne einige Priester, die so eine Liebesbeziehung leben. Es gibt aber auch jene, bei denen es sich um ein ganz klassisches Arbeitsverhältnis ohne Zärtlichkeit, Liebe und gelebte Sexualität handelt.

Jedoch ist die Frage nach Liebesbeziehung oder platonischem Arbeitsverhältnis fast sekundär; viel entscheidender ist doch, dass da zwei Menschen ihren Alltag miteinander teilen. Manche fahren auch gemeinsam in Urlaub. Der jeweils andere ist in vielen Fällen die Hauptbezugsperson, und oft habe ich erlebt, wie aufopferungsvoll jene Frauen auch im Pflegefall bis hin zum Tod für »ihren Priester« da waren. Das ist auch eine Form von Beziehung – nur möglicherweise nicht erotisch oder sexuell. Und sind wir doch einmal ehrlich: Wie viele Paare leben in unserem Land, egal ob verheiratet oder unverheiratet, seit Jahrzehnten zusammen und Zärtlichkeiten und Sexualität finden sich dennoch im Alltag kaum bis gar nicht?

Kirchenrechtlich verhalten sich diese Priester möglicherweise absolut konform. Gleichzeitig wirken diese Verbindungen, gerade wenn die beiden in Würde ergraut sind, auf mich schon sehr wie ein altes glückliches und zufriedenes Ehepaar. Diese beiden leben auch eine Form von Beziehung, völlig egal ob mit oder ohne Sex – ich will das auch gar nicht wissen.

Ich erlebe in solchen Beziehungen Menschen, die beim Partner so sein durften, wie sie eben waren. Gerade als Priester und damit als öffentliche Person ist das ein hohes Gut. In solch einer Beziehung muss man nicht den Starken mimen, sondern kann auch Sorgen, Ängste und Nöte eingestehen. Gleichzeitig bleibt klar: Es handelt sich zuerst einmal um ein Arbeitsverhältnis, und leider wurden über viele Jahrzehnte diese Frauen auch nicht angemessen entlohnt und hatten keine gute Altersvorsorge. Da hat sich zumindest in unseren Breitengraden in den letzten Jahrzehnten viel getan, und damit ist auch manche Ungerechtigkeit abgeschafft worden. Und doch bleibt eine Abhängigkeit, die auch Gefahren bergen kann, da es zwischen den beiden ein starkes Machtgefälle gibt. Dies ist sicher nochmals besonders gut in den Blick zu nehmen, wenn sich zwischen den beiden eine Liebesbeziehung entwickeln sollte.

Solche Beziehungen können glücken – ich habe immer wieder solche Beziehungen erlebt. Und doch bleiben vermutlich immer Fragen und ungelöste Themen: Wie geht es jener Frau

an der Seite des Priesters, die dann eben oft als »die Haushälterin« tituliert wird – und nicht als »die Partnerin« oder
»die Freundin«? Jene Frau ist ja eigentlich so viel mehr und
wird nur auf die offensichtliche Funktion reduziert. Dieser Aspekt gilt sogar unabhängig von der Frage, ob dies eine Liebesbeziehung ist oder nur ein reines Arbeitsverhältnis. Wenn zwei
Menschen unter einem Dach leben und tagein, tagaus Leben
miteinander teilen, dann verbindet dies die beiden auf starke
Weise. Ich habe immer wieder bei Priesterbeerdigungen erlebt,
dass jene Frauen vom Schmerz über den Verlust des Priesters
gezeichnet waren. Hier ging es eben auch nicht einfach nur
um den »Pfarrer«, irgendwie trauerte man um den Partner.
Nur durften sie nicht um den »Herrn Pfarrer« so trauern, wie
das eine Ehepartnerin beim Verlust ihres Mannes dürfte, ja
wie es vielmehr sogar von ihr erwartet würde.

Es war hier bislang nur von Haushälterinnen die Rede. Aber
es gibt natürlich auch Priester, die einen Mann an ihrer Seite
haben und mit ihm das Leben teilen. Bei manchen ist der
Partner auch ein Priester, bei anderen hat er einen anderen Beruf. Mir ist zwar kein männlicher »Haushälter« in Erinnerung,
aber auch das mag es geben. Wenn in diesem Zusammenhang
der Priester stirbt, dann ist es für den männlichen Partner noch
schwieriger, Trauer und Schmerz zu zeigen. Vielleicht ändert
sich jetzt daran etwas nach der großartigen Initiative #OutIn-
Church (das Buch der Initiative erschien unter dem gleich-
namigen Titel #OutInChurch. Für eine Kirche ohne Angst
im April 2022 im Herder Verlag, Anm. d. Lektorats), aber ich
habe immer noch den Eindruck, dass viele Angst haben, ihre
Sorgen und Nöte zu zeigen. Bei einer Priesterbeerdigung in

unserem Bistum, von der mir berichtet wurde, nahm der Bischof am Ende der Trauerfeier den trauernden und weinenden Partner des verstorbenen Priesters in die Arme und tröstete ihn. Wo das geschieht, da wird jene Angst durchbrochen und da wird Partnerschaft ernst genommen.

Mir war es übrigens bei diesen Beziehungen immer egal, ob die beiden Sex miteinander hatten oder nicht. Ich bin immer wieder entsetzt, wenn mir oder dem Bischof Menschen anonym schreiben, wer eine Beziehung mit wem leben würde und dass wir endlich etwas dagegen unternehmen müssten. Die Unart des Anschwärzens ist ein echtes Problem in unserer Kirche. Auch dadurch wird eine Atmosphäre des Misstrauens und der Angst geschürt.

Ich kann nicht begreifen, dass Menschen so etwas tun und was man damit erreichen will. Wie weit ist dies alles von jenem Wanderprediger aus Nazareth entfernt? Es hat in meinen Augen nichts mit der froh machenden Botschaft des Evangeliums zu tun. Wäre das ohne Zölibat anders?

Nun, zumindest wäre dieses Erpressungsmoment nicht mehr gegeben. Doch der Einwand ist klar: Man brauche sich ja nur an den Zölibat halten, dann gäbe es auch nichts anzuschwärzen – und schon sind wir wieder am Anfang. Ich habe ohnehin auch schon vor der Initiative #OutInChurch die Haltung gehabt, dass es mich nichts angeht, was Erwachsene mit Erwachsenen im gegenseitigen Einverständnis in ihren Schlafzimmern tun. Ich weiß natürlich, dass nicht wenige von einem Generalvikar erwarten, genau das sollte ihn angehen. Doch ich habe dies nie getan und werde dies auch in jenen letzten Wochen, in denen ich dieses Buch schreibe, ganz sicher nicht tun.

Was bedeutet die Frage des Zölibats für Priester, die ihre Sexualität mit wechselnden Partnern, egal ob heterosexuell oder homosexuell, leben ohne Interesse an einer festen Beziehung? Werte wie Liebe, Partnerschaft und »Leben teilen« spielen dann jedenfalls keine Rolle. In diesem Zusammenhang muss ich an eine Episode denken, die während meiner Studienzeit ein Kollege berichtete, der einige Zeit in Rom studierte. Er lebte damals mit einem anderen Seminaristen in einer Beziehung. Die beiden versuchten, Beziehung und enthaltsames Leben unter einen Hut zu bringen – mit allen Höhen und Tiefen. Diese Zeit war bei den beiden geprägt von Versagen, Schuldbekennen und zögerlichen Neuaufbrüchen. Jener Freund erlebte dies als so bedrückend, dass er in den Petersdom zur Beichte ging. Er sprach dort über seine Beziehung, sein Ringen und das Versagen. Aber eben auch, wie gut ihm die Beziehung täte und wie viel Kraft und Stärkung sie für seinen Weg gäbe. Über diese positiven Aspekte verlor der Beichtvater kein Wort und forderte ihn nur auf, die Beziehung umgehend zu beenden. Dann der Hammer: Er riet ihm für den Fall, dass er wieder das Bedürfnis nach Sex verspüre, sich einen One-Night-Stand zu suchen – es fände sich sicherlich eine Gelegenheit. Diese einmalige Tat könne er dann beichten und erhielte auch die Lossprechung, die fortdauernde Beziehung und die gelebte Sexualität in dieser Beziehung, die könne er allerdings nicht lossprechen.

Ich will mich hier nicht zum Richter aufschwingen und es steht mir auch nicht zu, über jene zu urteilen, die Erfüllung in sexuellen Beziehungen mit wechselnden Partnern finden. Doch ich glaube nicht, dass diese Form einer festen Beziehung vorzuziehen ist. Hätte jener Priester, wenn er die Beziehungsversuche der beiden für untragbar gehalten hat, meinem Freund nicht eher raten müssen, die Berufspläne zu überdenken, da an eine Entkopplung von Weihe und Zölibat nicht zu denken sei? Stattdessen empfahl er, sexuelle Bedürfnisse in Form von One-Night-Stands auszuleben, die könnten wenigstens unproblematisch in der Beichte losgesprochen werden. Als ich das hörte, wurde mir schlecht, und heute weiß ich: Diese Kasuistik in Moralfragen ist weitverbreitet, nicht nur auf Sexualität bezogen.

Neben den Priestern, die eine Beziehung führen, egal ob als Liebesbeziehung oder platonisch, und denen, die den Zölibat erfüllt leben, existiert eine dritte Gruppe, die den Zölibat nicht bricht, aber ihn auch nicht als erfüllende und beglückende Lebensform wahrnimmt. Nicht wenige, das habe ich oft genug erlebt, flüchten sich in krankmachende Systeme und entwickeln verschiedene Formen von Abhängigkeiten: Dabei kommt Alkoholismus sicherlich am häufigsten vor. Daneben gibt es eine nicht unbedeutende Anzahl von depressiven oder anderweitig psychisch kranken Priestern.

Bestimmt kann man Priester nicht einfach pauschal irgendeiner dieser Gruppen zuordnen. Ich glaube sogar viel eher, dass im Lauf eines Priesterlebens ein Priester sich in den sehr unterschiedlichen Gruppen wiederfindet: Da gibt es die Euphorie des Anfangs und die große Bereitschaft, für Ideale zu kämpfen, da gibt es Phasen der Einsamkeit, die betäubt werden durch Alkohol, Essen oder eine andere Suchtform. Da gibt es Phasen des Verliebtseins, von Zurückweisung oder vom Leben in Beziehungen. Es mag natürlich auch sein, dass jemand zeitlebens nur in einer Gruppe zu finden ist, aber für die Mehrzahl der Priester wird es verschiedene Stadien, Abschnitte und Etappen geben.

Sie werden sich möglicherweise jetzt fragen, und es gehört zur Transparenz dieses Buches, darüber zu sprechen, wie ich mit dem Zölibat umgegangen bin. Aus kirchenrechtlicher Sicht bin ich an den hehren Ansprüchen zölibatären Lebens gescheitert. Es gab in meinem Leben Beziehungen, und ich weiß leider nur zu gut, wie sehr ich durch Heimlichtuerei Menschen verletzt habe. Verletzt durch meine Zerrissenheit, Priester sein zu wollen, nicht mit einer Partnerschaft leben zu dürfen, aber ohne auch nicht einfach zu können. Zu spüren, dass ich nicht allein sein will, aber auch nicht den Mut zu haben, zu einem anderen Menschen zu stehen – ganz und gar zu stehen. Das hat mich belastet und gleichzeitig hat es diese Beziehungen belastet und auch zerstört. Liebe hat es unter solchen Bedingungen sehr schwer und verkümmert. Ich wollte und konnte meinen Beruf nicht aufgeben und habe zum damaligen Zeitpunkt keine Alternative gesehen, beides zu leben.

Ich habe Menschen damit sehr wehgetan und dies tut mir unendlich leid. Damals war ich vermutlich viel zu sehr auf mich fixiert, um das zu sehen. Mir ist klar, dass ich so gehandelt habe, wie ich gehandelt habe, und es wäre vermutlich auch zu billig, an dieser Stelle der Kirche die Schuld dafür zu geben, das will und tue ich auch nicht. Und doch hängt manches natürlich sehr klar damit zusammen, wie die Erziehung im Seminar war und wie unmenschlich es ist, die Berufung zum Priesteramt mit der Berufung zur Ehelosigkeit zu koppeln. Ich glaube, dass dadurch sehr viel kaputt gemacht wird und in vielen Biografien von Priestern und deren Partnerinnen und Partnern viele Verletzungen, viel Angst und viel ungelebte Liebe zu finden sind. Das habe ich durch mein Priestersein in dieser Kirche nach außen bekräftigt, auch wenn es in meinem Inneren anders aussah oder ich das im vertrauten Kreis anders formuliert habe. Es kann mir passen oder nicht: Gerade als Generalvikar stehe ich für diese Kirche und damit auch für den Zölibat. Vielleicht hätte ich schon vor vielen Jahren die berühmte Reißleine ziehen müssen. Heute merke ich jedenfalls ganz deutlich, dass weder ich als Priester noch ich in meiner Funktion als Generalvikar für den Zölibat einstehen möchte. Ich glaube ganz sicher, dass diese Kopplung von Weihe und Zölibat so unendlich viel Leid gebracht hat und immer noch bringt, dass ich dieser Kirche nur wünschen kann, dass diese unselige Verbindung bald gelöst wird.

Das war lange nicht so. Wie tief die Angst sitzt, selbst bei eigentlich lustigen Begebenheiten, habe ich vor vielen Jahren einmal erlebt: Anfang Januar war ich mit meinem Patenkind Hannah und ihrem Bruder Jannis in einer Piratenausstellung im Pfälzischen Landesmuseum. Die beiden waren damals fünf und sieben Jahre alt. Ich war zum ersten Mal mit den beiden alleine unterwegs und schon total gespannt. Im Anschluss an diese Ausstellung wollte ich ihnen noch die große Domkrippe zeigen. Noch waren Weihnachtsferien und im Dom ist an diesen Tagen immer extrem viel los. Damit beide Kinder auch wirklich etwas sehen konnten, nahm ich Hannah auf meine Schultern und Jannis an die Hand. Nachdem wir uns langsam immer weiter nach vorne durchgearbeitet hatten, war es wie eine aufregende Entdeckungsreise. Die beiden waren richtig aus dem Häuschen und immer wieder fiel ihnen noch eine weitere Kleinigkeit auf. Plötzlich rief Jannis in kindlichem Enthusiasmus: »Papaaaaaaaa, da ist ja sogar ein Elefant.« Ich weiß noch wie heute, wie mir das Blut regelrecht in den Adern gefror. Jannis konnte das spüren und obwohl er erst sieben war, schaute er bedröppelt und stammelte »… ähm … Andreas«. Ich nahm das aber schon nur noch halb zur Kenntnis, weil ich viel zu sehr damit beschäftigt war, mich umzudrehen und die Umgebung nach bekannten Gesichtern abzuscannen. In den Wochen danach erzählte ich diese durchaus lustige Geschichte überall, denn ich wollte auf Nummer sicher gehen: Niemand, der dies zufällig mitbekommen hatte, sollte am Ende wirklich denken, dass ich Vater eines Kindes sei. Wie gesagt: Eigentlich eine lustige Geschichte. Nur eben eigentlich. Denn uneigentlich ist das unendlich traurig. Stolz hätte ich sein sollen, darüber, dass sich Jannis und seine Schwester so wohlgefühlt hatten. Doch ich war nicht stolz, sondern nur verängstigt. Fehlende eigene Courage? Sicherlich. Aber eben auch Strukturen, die Courage weder fordern noch fördern.

Mich macht es traurig, für Jannis ist das aber heute einfach nur eine lustige Geschichte. Für »echte« Priesterkinder ist es das nicht. Viele wissen oder wussten oft über Jahre gar nicht, wer ihr Vater ist. Bei manchen führt die Erkenntnis zu einem tiefen Schock. Einige haben es irgendwann vielleicht geahnt, weil der Priester immer irgendwie Teil ihres Lebens war. Bei anderen wussten es die Kinder schon lange, aber auch sie mussten dann immer schweigen. Heute mag die Situation entspannter sein, aber über viele Jahrzehnte und vermutlich Jahrhunderte war dies für alle, in besonderer Weise für das Kind und die Mutter, ein ziemlicher Spießrutenlauf. In der öffentlichen Wahrnehmung begegnet einem dagegen das Thema oft nur in der Frage, für wie viele Priesterkinder wir als Bistum zahlen. In meiner Zeit als Generalvikar kam es nicht vor oder wurde mir zumindest nicht bekannt, dass ein Priester Vater wurde. Wir zahlen für kein Kind, aber schon meine Vorgänger haben darauf gedrungen, dass ein Priester von seinem Gehalt Kinder entsprechend alimentiert. Reicht das aus und ist das der richtige Weg? Ich habe mir diese Frage schon oft gestellt. In meinem Priesterleben begegneten mir immer wieder Pärchen zwischen 18 und 25 Jahren, die sich noch nicht sicher waren, ob sie zusammen durchs Leben gehen wollten oder sich einfach noch zu jung fühlten, um schon ans Heiraten zu denken. Plötzlich stellten sie fest, dass sie doch schwanger war(en), und nicht selten standen sie dann bei mir auf der Matte: Was sollen wir jetzt tun und was rätst du uns? Dass diese Paare über Abtreibung nachdachten, habe ich übrigens nie erlebt. Kamen die beiden aus kleineren Dörfern in der Pfalz, sprachen wir aber durchaus über den Druck der Eltern, jetzt möglichst schnell zu heiraten. Ich war damit eher zurückhaltend, denn ich finde zwar auch, dass ein Kind am besten in einem stabilen Umfeld groß wird, aber es muss deswegen nicht zwingend eine sakramentale Ehe geschlossen werden. Die beiden sollten sich erst einmal klar darüber werden, was sie wirklich wollten. Manche Paare sind zusammengeblieben und haben später geheiratet und leben bis heute, soweit ich dies beurteilen kann, zufrieden in ihren Ehen, andere haben sich getrennt und neue Partner oder Partnerinnen kennengelernt und ziehen in diesen Patchwork-Verbindungen, teils verheiratet und teils nicht, ihre gemeinsamen Kinder groß. Das zeigt: Das Leben ist vielschichtig und zu heiraten, nur weil ein Kind gezeugt wurde, entspricht nicht meiner Auffassung von sakramentaler Ehe.

Ich habe das hier deshalb beschrieben, weil ich das Gleiche zu einem Priester sagen würde, dessen Freundin plötzlich schwanger wird und der mich um Rat fragt. Ich habe großen Respekt vor denen, die das Priesteramt verlassen, um gemeinsam mit einer Frau eine Familie zu gründen. Ich glaube auch, dass dies der klarste und eindeutigste Weg ist. Gibt es aber Gründe, und die kann es geben, dass ein Priester im Amt bleibt, dann finde ich es zwingend notwendig, dass dieser Priester seinen finanziellen Verpflichtungen nachkommt. Es ist indiskutabel, dass ein Priester nicht einmal seiner finanziellen Verantwortung gerecht wird, von der emotionalen Verantwortung, nämlich als Vater für das Kind da zu sein, ganz zu schweigen. Noch schlimmer ist es, wenn Frauen genötigt werden, ihr Kind abzutreiben – in solche Abgründe schauen wir ja seit mindestens zwanzig Jahren. Doris Reisinger hat in ihrer Dankesrede anlässlich der Verleihung des Herbert-Haag-Preises in diesem Zusammenhang Folgendes gesagt: »Zum anderen gibt es eine hohe Zahl von Schwangerschaften und Abtreibungen infolge von sexuellem Missbrauch, auch unter Minderjährigen. In den meisten Fällen nötigen die Täter, katholische Priester, ihre Opfer zur Abtreibung. Und wenn die zuständigen Bischöfe überhaupt davon erfahren, rehabilitieren sie die Täter – und das geht ganz schnell. Während viele Opfer sich, zusätzlich zu allen Traumata, mit Gewissensnöten herumschlagen, weil die Kirche, eine Meisterin der Beschämung, zwar den Täter von der Abtreibung freispricht, den Opfern aber nachhaltig eingeprägt hat, dass Abtreibung die schlimmste aller denkbaren Sünden ist.« Wenn ein Priester eine erwachsene Frau zur Abtreibung nötigt, selbst wenn der Sex zuvor einvernehmlich stattgefunden hat, dann mag dies im strafrechtlichen Sinn Nötigung sein, letztlich ist es aber in der Tat schlichtweg Missbrauch durch Amtsträger dieser Kirche. Ich bin kein Jurist. Trotzdem meine ich, dass es sich hier in vielen Fällen um echte Straftaten handelt, die zuerst von den staatlichen Stellen verfolgt werden müssten.

Strafrechtlich sicher nicht relevant, aber doch bezeichnend ist, wenn Priester, die Kinder gezeugt haben, immer wieder dadurch auffallen, dass sie von der Kanzel eine besonders rigide Sexualmoral verkünden. Was sagt das aus, wenn Verkündigung und eigenes Leben derart offensichtlich auseinanderklaffen?

Wie gesagt: Es gibt auch genügend gelungene Zölibatsleben. Doch in vielen anderen Fällen, und deshalb habe ich so ausführlich über dieses heiße/kalte Eisen geschrieben, führt er zu einer Entfremdung: von sich, von anderen und vielleicht auch von Gott. Wer mit sich selbst und anderen nicht im Reinen ist, wird es schwer haben, eine gesunde Gottesbeziehung zu führen. Die Konsequenzen, den Zölibat entsprechend abzuschaffen und zu verändern, habe ich bereits dargelegt. Es gibt aber noch einen anderen Grund, weshalb der Zölibat ein wichtiger Grund für meine Entscheidung ist, das, was Gott mir geschenkt hat, anders einzubringen: Weil der

Zölibat verhindert, dass viele gute Menschen das, was ihnen geschenkt wurde, einbringen, in dieser Kirche und mit mir gemeinsam.

Schon im Priesterseminar haben Mitstudenten das Haus verlassen, weil sie spürten, dass sie sich zwar zum Priesteramt berufen fühlten, aber mit dem Zölibat haderten. Manche verliebten sich in eine Frau oder einen Mann und waren in ihrer Liebe so glücklich, dass sie die Reißleine zogen und erst mal das Priesterseminar verließen. Einige von ihnen studierten weiter Theologie und strebten einen Beruf als Pastoralreferent an, andere beendeten das Theologiestudium ganz und planten eine andere berufliche Zukunft. Der Austritt aus dem Seminar fiel manchen leicht und war kein großes Thema, für andere bedeutete dieser Schritt echte Trauerarbeit, sie mussten erst einmal ihre Lebensträume beerdigen. Allein im Studium haben wir so viele Gute verloren – glücklicherweise leben manche ihr Charisma als Seelsorger jetzt als Pastoralreferent. Doch was sagt das über eine Institution, die es sich leistet, auf so viele so gute Charismen zu verzichten? Wie geht Kirche hierbei eigentlich mit Berufungen um? Eine Kollegin hat mir vor Kurzem erzählt, wie ein ganzes Dorf gefeiert hat, weil einer aus dem Dorf zum Studium ins Priesterseminar zog. Selbst wenn man dies als vollkommen übertrieben belächelt, es wird generell ein ziemlicher Hype um das Thema Berufung gemacht. Berufung ist sicher oft ein ziemlich schillernder Begriff, doch schon die biblischen Berufungsgeschichten machen deutlich, dass Gott es ist, der zu bestimmten Aufgaben ruft. Maßen wir uns an, Berufungen vor allem nach dem Geschlecht und der Frage nach dem

Zölibat zu beurteilen, missachten wir nicht nur Gottes Ruf, sondern es ist ein Armutszeugnis, wie wir hier mit Menschen und deren Berufung umgehen – von den »Human Ressources« einmal ganz zu schweigen.

Wir verlieren als Kirche solche »Human Ressources« beinah täglich durch die diversen Enttäuschungen von pastoralen Mitarbeitenden, die immer wieder eine grobe Missachtung ihres Engagements und ihrer Fähigkeiten erleben müssen und sich deshalb irgendwann in die innere oder gleich äußere Emigration flüchten. Wir verlieren sie mit jedem und jeder Getauften, der/die sich nicht mehr einbringt oder gar ganz geht. Die Aufgabe eines Priesterlebenstraums oder einer Berufung ist nicht schlimmer oder bitterer als die jedes anderen Gläubigen. Lebensträume kennen keine Hierarchie. Das gilt auch für die, die über die Jahre das Priesteramt verlassen haben, weil sie mit einer Partnerin oder einem Partner gemeinsam durchs Leben gehen wollten und dies nicht oder nicht mehr heimlich tun wollten. Ich habe großen Respekt vor diesem Schritt; die Kirche ist allerdings oft sehr unsensibel mit solch einer Lebensentscheidung umgegangen. Mir wurde das besonders deutlich bei einer Geschichte, die ich 2009 im Zusammenhang mit der großen Konversionswelle in England gehört habe. Damals wollten extrem konservative anglikanische Priester und Bischöfe römisch-katholisch werden. Es fiel ihnen schwer, die Priesterinnen und Bischöfinnen der anglikanischen Kirche zu akzeptieren. Auch mit der Tatsache, dass immer mehr anglikanische Priester und Priesterinnen in homosexuellen Beziehungen lebten, konnten sie sich nicht anfreunden.

Jene anglikanischen Priester, die das nicht akzeptieren und daher konvertieren wollten, waren natürlich überwiegend verheiratet. Ein Problem für die Zölibatsverteidiger? Auf einmal nicht mehr, im Gegenteil. Der dogmatische Eifer machte einem Konversionseifer Platz, und Papst Benedikt XVI. empfing sie mit offenen Armen. Er ließ für sie und ihre Gemeindemitglieder das Personalordinariat Unserer Lieben Frau von Walsingham einrichten. Weltweit handelt es sich um lediglich 4.000 Gläubige, die bis heute konvertiert und nun auf diese Weise mit der römisch-katholischen Kirche verbunden sind. Bischöfe, Priester und auch ganze Gemeinden mit ihrem Pfarrer traten über. Für alle Seiten war es etwas Neues und da das Ordinariat nicht territorial verortet ist wie eine Diözese, zogen verheiratete Priester in ganz normale Pfarreien und Pfarrhäuser mit ihren Familien ein. Damals wurde eine Geschichte kolportiert, die ich nicht nachprüfen konnte, die ich aber für glaubhaft halte: Während dieser Konversionswelle wollte ein römisch-katholischer Priester mit der Frau zusammenleben, die von ihm schwanger geworden war, aber auch Priester bleiben. Das ging natürlich nicht. Er wurde aus dem Amt entfernt und verlor damit seinen Job. Das freie Pfarrhaus wiederum wurde nun vom Personalordinariat mit einem frisch konvertierten ehemaligen Anglikaner, der verheiratet war und Kinder hatte, neu besetzt. Weshalb der eine wegen Frau und werdendem Kind gehen musste und der andere mit Frau und Kindern kommen durfte, das konnte man niemandem wirklich erklären.

Solche und andere Entscheidungen haben dazu geführt, dass sich viele Menschen verständnislos von so einer Kirche abgewendet haben. Die Priester, die das taten, weil sie die Schnauze voll hatten von der Heimlichtuerei, die nicht mehr bigott leben wollten, die unter den Ansprüchen des Pflichtzölibats fast zerbrochen wären, die ihre Liebe öffentlich machten, die konnten nicht mit Milde rechnen. Sie mussten gehen, und zwar bitte still und leise.

Still, leise – und doch ist die Kirche oft noch nicht fertig mit ihnen. Denn es gibt in diesem Zusammenhang einen Prozess, der viel vom Dilemma zeigt, die Laisierung. Während des Pontifikats von Papst Paul VI. wurden Priester, die heiraten wollten, noch verhältnismäßig schnell laisiert. Das hatte dann oft zur Folge, dass sie weiter bei der Kirche beschäftigt sein konnten, wenn auch nicht direkt im pastoralen Bereich, sondern meist als Religionslehrer. Ich selbst hatte in der Mittelstufe einen laisierten Priester als Religionslehrer. Mit solch einer Milde konnten Priester während des langen Pontifikats von Johannes Paul II. nicht mehr rechnen. Ob es sich hierbei um eine Analogie zum unbarmherzigen Umgang mit wiederverheiratet Geschiedenen handelte, mag ich nicht beurteilen, sie liegt aber nahe. Barmherzigkeit und Milde waren gegenüber beiden Gruppen nicht zu sehen. In den letzten Jahren scheint wieder ein etwas barmherzigerer Umgang gepflegt zu werden. Seit 2005 ist die Kleruskongregation für Laisierungsverfahren zuständig. Wichtig ist dabei aber zu betonen, dass der Vatikan diese Laisierung »gnadenweise« erteilt, denn es gibt keinen Anspruch darauf. Laisierungen kennt das Kirchenrecht aber nicht nur bei Liebesbeziehungen und dann als Gnadenerweis, sondern sie werden auch als höchste Kirchenstrafe, zum Beispiel bei Kindesmissbrauch, verhängt. Absurder Parallelismus? Für Codex-Profis möglicherweise nicht.

Für Otto Normalgläubige schon, zu denen auch ich mich hier trotz meines Generalvikarseins rechnen kann.

Schon das Prozedere an sich und die hierbei verwendeten Bezeichnungen sind irgendwie irre: »Laie« ist in unserer Welt die Bezeichnung für jemanden, der in einem bestimmten Bereich keine Fachkenntnisse hat. Im Kirchenkontext dagegen stammt er aus dem Griechischen und bedeutet »zum Volk gehörend«, wird aber mehr und mehr zur Abgrenzung von Klerikern genutzt. Da aber die Weihe ein unauslöschliches Prägemal zur Folge hat und dem Priester nicht genommen werden kann, muss man ihm alle Rechte und Pflichten nehmen und ihn so in den Laienstand zurückversetzen. Wird damit der eigentlich schöne Begriff, nämlich zum Volk und damit zur Gemeinschaft Gottes zu gehören, nicht vollkommen pervertiert? Dazu kommt, dass wir in den Berufsgruppen der Pastoral- und Gemeindereferenten und -referentinnen hoch kompetente Theologinnen und Theologen haben, die sich oft durch weiterführende Fortbildungen in Bereichen zusätzlich spezialisiert haben. Immer wieder werden diese Mitarbeiterinnen und Mitarbeiter als Laientheologinnen oder als Laientheologen bezeichnet. Das versteht niemand. In seinen Wurzeln war der Begriff »Laie« vermutlich wirklich eine Ehrenbezeichnung, aber mit dem Klerikalismus der Jahrhunderte und der Möglichkeit, per Strafe in den Laienstand zurückversetzt zu werden, ist dieser Begriff verbrannt. Es braucht hier eine andere Bezeichnung. Denn Bezeichnungen drücken immer eine Realität aus und prägen das Bewusstsein. In diesem Fall trägt der Begriff »Laie« dazu bei, die Gräben zwischen Klerus und Nicht-Klerus pseudoontologisch zu vertiefen. Damit muss Schluss sein.

Wie gesagt: Jeder Priester erlebt über die Jahre, dass und wie Mitbrüder dem Amt den Rücken kehren. Die Gründe sind sicher vielschichtig und ich kann gar nicht sagen, dass es immer eine Liebesbeziehung gewesen wäre, die jemanden zum Aufgeben genötigt hat; aber es war immer ein Verlust für unser Bistum und für die Kirche im Ganzen. Bemerkenswert fand ich dazu eine Diskussion, die wir vor ein paar Monaten im Priesterrat hatten: Dort stellte jemand die Frage in den Raum, wie wir eigentlich mit jenen umgehen (sollten), die uns verlassen haben. Dabei wurde eine Geschichte erzählt, die ich bisher noch nicht kannte: Als Bischof Wiesemann in die Diözese kam, führte er sehr schnell eine schöne Tradition ein und lud die Weihejahrgänge in deren Weihejubiläumsjahren zum Mittagessen ein. In einem der ersten Jahre schrieb ein Weihekurs dem Bischof, dass für ihn auch jene dazugehören, die mit ihm geweiht wurden, heute jedoch keine Priester mehr waren. Er wollte gerne der Einladung folgen, aber entweder alle oder sonst lieber gar nicht. Der Bischof fand den Gedanken anfänglich wohl etwas irritierend, denn es sollte ja auch darum gehen, Dank für Dienst und Einsatz für die geleisteten Jahrzehnte auszudrücken. Schlussendlich lud er doch den gesamten Kurs ein – für alle Seiten eine gute und wichtige Erfahrung.

Gleichzeitig wurde uns bei der Diskussion im Priesterrat ziemlich schnell klar, dass das Thema komplex ist. Die Gründe aufzuhören, waren bei den Einzelnen sicher vielschichtig und man konnte daher nicht einfach davon ausgehen, dass alle ehemaligen Priester überhaupt noch Kontakt zum Bischof, zu Leitungspersonen oder zur Kirche ganz allgemein wünschen.

Wir müssten also aufhören, über jene nur zu sprechen, und stattdessen mit ihnen sprechen. Manche hatten noch Kontakt zu ehemaligen Priestern, und so vereinbarten wir ein Projekt, um wirklich herauszufinden, was ihnen am Herz lag. Dieses Projekt läuft noch, und ich kann über das Ergebnis noch nichts sagen. Doch grundsätzlich ist das der einzige Weg: Kirche muss mit Menschen über Lebensbrüche sprechen. Vielleicht sind das in Wirklichkeit auch gar keine Lebensbrüche oder sie sind es auch nur aus Sicht von Kirche. Die »heißen« Eisen relativieren sich möglicherweise, und es kommt zu einer Neubewertung, was eigentlich ein Bruch ist und was nicht. Dass ich das an dieser Stelle betonen muss, dass Sprechen mit und nicht über ein Projekt ist, das allein sagt schon viel aus.

Würde und Respekt?
Der wahre Umgang mit Homosexualität

Klar, auch in meiner Schulzeit gab es bereits die Schimpfworte »schwule Sau« oder »Schwuchtel«. Doch in kirchlichen Kreisen, vor allem in konservativen, spielt dieses Thema eine ungleich größere Rolle. Kaum etwas, bei dem in diesen Kreisen alle Alarmglocken so konsequent schrillen wie beim Thema LGTBQ. Ich erinnere mich in diesem Zusammenhang an den Religionsunterricht in der Oberstufe und den neuen Weltkatechismus. Ich fand es damals schon ziemlich schräg, dass die Antwort an homosexuelle Frauen und Männer sein solle, dass sie enthaltsam leben müssten, und umgekehrt ihnen mit »Würde und Respekt« zu begegnen sei. Mit »Würde und Respekt«!

Während meines Studiums in den USA Mitte der Neunziger erlebte ich dann, wie präsent dieses Thema war, auch im Raum der Kirche. Da gab es auf unzähligen Autos einen Aufkleber mit der Aufschrift »Hate Is Not a Family Value«. Was hier so leicht daherkam, richtete sich auch gegen bestimmte Kreise in der römisch-katholischen Kirche. Denn der Slogan macht deutlich, dass Menschen nicht mit Vorurteilen geboren werden, sondern ihnen diese Werte von ihren Familienmitgliedern und leider auch von ihrer Kirche beigebracht werden. Dort lernen sie Menschen wegen ihrer sexuellen Orientierung zu hassen.

Dieser kleine Aufkleber und mein Nachfragen bei Kommilitonen, brachten mir heftige Diskussionen ein. Während wir in Deutschland, zumindest in den Kreisen, in denen ich mich bewegte, ganz sachlich darüber sprachen, war dies in USA kaum möglich. Die Debatte wurde vollkommen überdreht geführt und man hatte den Eindruck, dass sich allein an dieser Frage – wie sonst nur noch beim Thema Abtreibung – die »Rechtgläubigkeit« zeigte. Während man in Bezug auf die Todesstrafe durchaus bereit war, Abstriche von der Lehre in Kauf zu nehmen, war das für viele bei der Haltung zur Homosexualität undenkbar. Aber neben diesen Seminaristen, die meist in ihrem Leben noch nie bewusst mit Homosexualität konfrontiert waren, lernte ich eben auch Ordensfrauen kennen, die sich sehr stark für die Rechte von Lesben und Schwulen einsetzten. Es gab in der Erzdiözese St. Paul Pfarreien, in denen ganz selbstverständlich schwule Paare eine Heimat gefunden hatten. Ich habe schon von dem Moraltheologie-Professor erzählt, der für die Volunteering-Aktion, in der ich mich engagierte, verantwortlich zeichnete. Bei ihm habe ich gespürt, wie bedingungslos er den Menschen mit seinen Sorgen und Nöten in den Mittelpunkt seines Handelns gestellt hat. Er war der Erste, der mir so richtig deutlich machte, dass doch viel entscheidender ist, ob jemand eine Beziehung lebt, die auf Liebe und Respekt und gegenseitiges Füreinander-da-Sein ausgelegt ist, als welche sexuelle Orientierung er hat.

Als Priester bei den Jugendverbänden und dann im Bischöflichen Jugendamt begegnete mir das Thema Homosexualität immer mal wieder. Jugendliche und junge Erwachsene machten sich Gedanken über ihre eigene sexuelle Orientierung oder über Verliebtsein in einen gleichgeschlechtlichen Partner oder eine Partnerin. Für mich war damals schon die offizielle Haltung meiner Kirche unsäglich: theologisch unhaltbar, weil die gesammelten Erkenntnisse der Sozial- und Humanwissenschaften vollkommen außen vor gelassen werden und man sich nur mit ein paar Bibelstellen aus dem Alten Testament oder der paulinischen Briefliteratur beschäftigte und auch dabei die Forschungen der modernen Exegese überhaupt nicht rezipierte.

Aber selbst wenn man Sozial- und Humanwissenschaften ausblendet: Ich bin biblisch-theologisch immer davon ausgegangen, dass Gott es ist, der uns Menschen erschafft, und deswegen, als Ebenbild Gottes, hat der Mensch seine Würde. Und zu diesem Menschen gehört sein Geschlecht, seine Hautfarbe und eben auch seine sexuelle Orientierung. Mit dieser Glaubensgrundlage zu fordern, Homosexuelle nicht zu diskriminieren und ihnen quasi im Gegenzug abzuverlangen, enthaltsam zu leben, das ist unangemessen und empörend. Für mich war immer wesentlich, dass Sexualität in einen Rahmen eingebunden ist, in dem zwei Menschen sich lieben, in Treue füreinander einstehen und so auch Verantwortung füreinander übernehmen. Ob Sexualität aber zwischen einem Mann und einer Frau oder zwei Frauen oder zwei Männern stattfindet, schien mir nicht wichtig. Insofern habe ich nie einen Unterschied gemacht zwischen hetero- oder homosexueller Liebe.

Trotzdem kannte ich natürlich die Lehre meiner Kirche. Ich lehnte sie ab und fand es unwürdig, nur den Katechismus zu zitieren, sondern ich wollte Seelsorger sein. Ich wollte Menschen in konkreten Situationen helfen, aber ich war mir damals schon sicher, dass es keinen Sinn hatte, sich mit dem Lehramt anzulegen. Dabei denke ich jetzt nicht unbedingt direkt an Rom, sondern auch an unseren verstorbenen Bischof Schlembach. Im Juni 2022 bin ich zwanzig Jahre Priester und es kam sehr selten, aber doch immer wieder vor, dass ein homosexuelles Paar mich gebeten hat, sie zu segnen. Meistens waren es Menschen, die ich aus der Jugendarbeit kannte, oder Freunde von ehemaligen Gruppenleitungen oder Pfarrleitungen. Ich habe das immer gemacht. Nur: Ich schäme mich trotzdem. Nicht für das Segnen. Sondern dafür, dass ich das immer hinter verschlossenen Kirchentüren tat. Es war zwar nie ein Thema, denn die Paare hatten auf dem Standesamt ihre Familien und Freunde dabei und bei mir ging es nur um einen kleinen Segen, aber es war nicht richtig.

Ich weiß rückblickend gar nicht so ganz genau, vor was ich Angst gehabt habe. Ich hatte keine Sorge vor dem Karriereknick, denn ich bin immer davon ausgegangen, wenn man mal

BDKJ-Präses war und sich mit der einen oder anderen Äußerung mit der Bistumsleitung angelegt hat, dann endet Karriere
beim Amt des Pfarrers. Das fand ich aber nie schlimm, denn
ich war ja Priester geworden, um Pfarrer zu sein.

Das alles änderte sich am 15. März 2021. Wir hatten an
diesem Tag eine coranabedingt virtuelle Sitzung des Priester-
rats, als plötzlich auf meinem Handy die Benachrichtigung
auftauchte, dass die Glaubenskongregation sich zu Segensfeiern gleichgeschlechtlicher Paare geäußert hat: »Aus diesem
Grund ist es nicht erlaubt, Beziehungen oder selbst stabilen
Partnerschaften einen Segen zu erteilen, die eine sexuelle
Praxis außerhalb der Ehe (das heißt außerhalb einer unauf-
löslichen Verbindung eines Mannes und einer Frau, die an
sich für die Lebensweitergabe offen ist) einschließen, wie dies
bei Verbindungen von Personen gleichen Geschlechts der
Fall ist. (…) Aus diesen Gründen verfügt die Kirche weder
über die Vollmacht, Verbindungen von Personen gleichen
Geschlechts im oben gemeinten Sinne zu segnen, noch kann
sie über diese Vollmacht verfügen.« Ich starrte auf das Handy.
Langsam kamen Schock, Frustration und Fassungslosigkeit.
Ich war so sprachlos und wütend, dass ich am liebsten direkt die Priesterratssitzung beendet hätte. Ich war (und bin
es nach wie vor) davon überzeugt, dass es sich um einen politischen Schachzug handelte. Die Diskussionen beim Synodalen Weg hatten scheinbar einigen Kritikern nicht gepasst
und so hatten sie die Glaubenskongregation eingeschaltet,
angeblich aus lauteren Gründen. Die Antwort kam prompt
und war nach römischer Art klar und eindeutig: ein weiteres
Verbot.

Ich starrte noch immer auf das Handy und mir kamen so viele Menschen in den Sinn. Ich musste an ein lesbisches Paar denken, deren Kinder ich getauft hatte und die seit vielen Jahren gemeinsam durchs Leben gingen. Ich musste an einen schwulen Freund denken, der nach einer schweren und sehr belastenden Zeit in einer guten Beziehung mit einem Mann regelrecht aufblühte.

Am Ende dieses Schreibens heißt es: »Papst Franziskus wurde in der dem unterzeichnenden Sekretär dieser Kongregation gewährten Audienz über das vorliegende Responsum ad dubium samt der Erläuternden Note informiert und hat ihre Veröffentlichung gutgeheißen.« Darüber, was das genau heißen soll, kann man natürlich nur spekulieren. Als Generalvikar erhalte ich auch täglich unzählige Unterschriftenmappen. Wurde das in einem großen Komplex quasi durchgewunken? Ich weiß es nicht. Interessant ist aber, dass jener Sekretär, Giacomo Morandi, im Januar 2022 als neuer Diözesanbischof ins Bistum Reggio Emilia wechselte. In vielen Kommentaren wurde diese Versetzung der Nummer zwei der wichtigsten Kongregation in ein einfaches Bistum als Degradierung gewertet. Aber bedeutet dies automatisch, dass der Papst gegen dieses Antwortschreiben war? Es wäre sicher auch nicht richtig, den Papst immer aus der Verantwortung von römischen Schreiben zu nehmen und nur seinen Interviewäußerungen Beachtung zu schenken. So forderte er 2020, dass im Zivilrecht mehr für homosexuelle Partnerschaften getan werden muss. Dies geht natürlich schon mal deutlich weiter als die Äußerungen, die er 2013 bei einem Interview auf dem Flug nach Rom gab. Hier antwortete er in Bezug auf einen homosexuellen Mann:

»Wer bin ich, ihn zu verurteilen?« Ich weiß noch gut, wie diese Äußerungen regelrecht gefeiert wurden. Aber reicht das? Der Katechismus ist trotz zweier Bischofssynoden in dieser Frage keinen Deut geändert worden.

Ich war an diesem Märztag fertig und ziemlich paralysiert und wusste einfach nicht, wie ich adäquat damit umgehen sollte. Ein alter Grundsatz meines Vaters, den er mir und meinem Bruder beigebracht hatte, lautet: »Immer erst einmal darüber schlafen.« Das tat ich auch. Es war keine gute Nacht. Ich wälzte mich lange hin und her, denn mir ging so vieles durch den Kopf.

Am folgenden Morgen zelebrierte ich, wie damals üblich, den Gottesdienst in einem Karmel-Kloster und eine Frage geisterte mir weiter im Kopf herum: Sollte ich einfach schweigen und es wieder hinnehmen? Oder wäre es jetzt endlich mal an der Zeit aufzustehen, auch für meine homosexuellen Freunde und so viele Queere in der Kirche, die immer wieder neu verletzt, ausgegrenzt und missachtet werden? In der Stille nach der Kommunion war ich ganz erfüllt von der Gewissheit, dass ich mich nicht mehr von Ängsten leiten lassen dürfe. Ich würde sagen und schreiben, was ich denke und fühle. Würde endlich wirklich ernst nehmen, dass nur die Wahrheit uns frei macht.

Als ich im Büro angekommen war, stellte ich eine Statusmeldung mit meinen Gedanken in Facebook ein:

»Während wir gestern im Priesterrat tagten, erreichte mich die Stellungnahme der Glaubenskongregation zur Segnung von homosexuellen Paaren. Ich bin immer noch schockiert und fassungslos. Nach einer Nacht und der gerade stattgefundenen Feier der hl. Messe bin ich aber fest davon überzeugt, dass ich meine Fassungslosigkeit nicht für mich behalten darf. Ich will nicht länger schweigen. Natürlich ist mir klar, was jetzt wieder alles passiert: unzählige Mails und Briefe bekomme ich, in denen mir aufrechte Katholiken sagen werden, dass ich in die Hölle kommen werde, endlich gehen soll usw.

Aber wenn man immer schweigt und seine Enttäuschung, Frustration und Fassungslosigkeit immer nur still runterschluckt, verrät man dann nicht irgendwann seine eigenen Überzeugungen? Kommt dann nicht irgendwann der Tag, an dem man sich selbst nicht mehr erkennt?

Das will und kann ich nicht!

Ich habe im Jahr 2000 im Anschluss an mein Studium in Mainz eine Ausbildung in klinischer Seelsorge in New York gemacht. Das Krankenhaus hatte ein großes Aids-Hospiz. Ich habe dort so viele schwule Paare erlebt, die in Liebe und Treue durch eine richtig harte Zeit gemeinsam gegangen sind – füreinander da waren. Ich habe auch danach immer wieder schwule und lesbische Paare kennengelernt, die ihr Leben mit allen Höhen und Tiefen gemeinsam gestaltet haben.

Ich habe Wohnungen, Autos, Fahrstühle, unzählige Rosenkränze usw. gesegnet und soll zwei Menschen nicht segnen können, die sich lieben? Das kann nicht Gottes Wille sein.

›Ich will dich segnen, und du sollst ein Segen sein!‹ (nach Gen 12,2)

So werde ich als Priester auch zukünftig Menschen segnen!«

Kurze Zeit später meldeten sich Zeitungen, lokale Radiosender und das Regionalfernsehen. Das Ganze ging viral und die Reaktionen in den Tagen und Wochen danach waren überwältigend. Phasenweise sprengten Mails und Zuschriften den normalen Arbeitsalltag dermaßen, dass ein ganzes Team damit beschäftigt war, adäquat auf alle Zuschriften zu reagieren. Gleichzeitig hatten sich auch noch viele andere Priester und pastorale Mitarbeitende gemeldet. Schnell kam es auch zur großen Aktion #liebegewinnt und auch der BDKJ in unserem Bistum veranstaltete eine Aktion. Es äußerten sich andere Generalvikare, Bischöfe und vereinzelt auch Kardinäle. Wir diskutierten auch im Allgemeinen Geistlichen Rat und der eine oder andere äußerte sich danach ebenfalls öffentlich zu Segensfeiern.

Die Resonanz blieb überwältigend: Mir schrieben queere Paare, die verheiratet waren und gemeinsam mit Kindern als Familie lebten. Manche sprachen zum einen vom Glück, dies erleben zu dürfen, aber eben auch von der Enttäuschung, dass diese Kirche sie nicht akzeptiert und respektiert. Mir schrieben Paare, die geheiratet und dann eine Anstellung oder ein Ehrenamt als Lektorin oder Kommunionhelfer in der Kirche verloren haben, weil der Pfarrer oder der Pfarrgemeinderat dies für unvereinbar hielten. Ich erhielt Briefe von Eltern, die zum einen ihren katholischen Glauben leben wollten, aber gleichzeitig klar zu ihren Kindern stehen wollten, die gleichgeschlechtlich liebend waren. In dieser Zerreißprobe empfanden sie meine Äußerungen als wohltuend. Es waren Berichte von lesbischen und schwulen Menschen, die in der Zeit ihres Coming-outs sich eine Kirche gewünscht hätten, die nicht nur ihre Veranlagung »mit Würde und Achtung respektiert«, sondern die auch ihre Liebe zu einem Mann oder einer Frau als ein Geschenk Gottes wertschätzt.

Es gingen aber nicht nur solche Reaktionen ein. Es kamen auch Briefe, Mails und Anrufe, die ihre Sorge um die Einheit der Kirche formulierten und die aus dieser Angst heraus sich gegen solche Alleingänge wehrten. Bei aller unterschiedlicher Meinung war es bei diesen Fällen aber doch möglich, miteinander ins Gespräch zu kommen. Es ging wirklich um die Kirche und oft steckte ernsthafte Sorge dahinter, wenngleich ich mich schon ab und zu fragte, weshalb eine Äußerung einer Kongregation, und sei es die Glaubenskongregation, a priori als letztgültig genommen wurde.

Neben diesen Reaktionen erhielt ich dann noch Briefe und Mails, die unverhohlen drohten oder die ganze Wut und den Ärger über eine Kirche, die sich der Welt und dem Zeitgeist angepasst hätte, auskotzten. Hier gab es kaum Anknüpfungspunkte. Einmal, weil ich oft gar nicht antworten konnte, da die Briefe keinen Absender hatten. Wenn doch, dann provozierten die Antwortschreiben meist neue und noch heftigere Erwiderungen. Ich probierte es auch telefonisch, aber stieß zum Beispiel auf einen Herrn aus einem süddeutschen Bistum, der fast durchgängig ins Telefon schrie. Er tobte so vor Wut, dass es unmöglich war, selbst zu Wort zu kommen. Irgendwann legte ich einfach auf. Ein anderes Mal kam jemand zu mir in die Beichte – nur dass er nicht beichtete, sondern mir wegen meiner Ungläubigkeit Vorwürfe machte. Beichtgespräch umgekehrt, so sah er das.

Was machte das mit mir? Viele Reaktionen berührten mich zutiefst, ob aus Scham oder Wut, aus Hilflosigkeit oder Unverständnis, aus Bewunderung oder Dankbarkeit. Außerdem gewann ich in diesen Wochen immer mehr den Eindruck, dass wir uns in einem echten Richtungskampf in der Kirche befinden. Das schreibe ich so einfach in einem Satz. Aber ich glaube, da steckt eine tief greifende Veränderung der Kirche dahinter – oder eben nicht. Denn da gab es jene, die eine unendliche Angst vor Veränderungen haben. Egal, ob Bischof, Priester oder Gläubige. Und ich sah immer klarer eine messerscharfe Trennlinie, die ich so vorher nicht gesehen hatte und die es scheinbar immer schwerer machte, in einem sachlichen Dialog zu bleiben. Die Angst vor jeder Veränderung wurde immer gleich mit dem Verlassen der gesamten Lehrtradition der Kirche geschürt. Es ging immer und sofort ums Ganze. Zugleich war möglicherweise die andere Seite, zu der ich mich zähle, zu wenig emphatisch für jene Sorgen und Ängste. Diese Spannung war jedenfalls enorm und spitzte sich gerade bei der Queer-Debatte in besonderer Weise zu. Bei mir selbst war sie schon am Gipfel und gar nicht mehr auf die Spitze zu treiben.

Die Frage, ob ich weiter schweigen wollte, wurde in diesen Wochen durch zwei weitere ergänzt: Wollte ich mich in so einer Kirche einbringen, ganz und gar? Und glaubte ich an Veränderungen? Eine Antwort erhielt ich nicht explizit, sondern implizit, durch zwei Gottesdienste in der gleichen Kirche: 2021 hatte ich dort die Osternacht gefeiert, es ist eine kleine Weinbaugemeinde. Als ich mich in der Sakristei auf den Gottesdienst vorbereitete, erklärte mir eine junge Frau, die Messdienerin war, dass sie in den Gremien der Pfarrei beschlossen hätten, aus Solidarität mit der bundesweiten Aktion #liebegewinnt an allen Kirchen Regenbogenfahnen zu hissen. Sie wollte wissen, ob ich damit einverstanden sei. Natürlich hatte ich nichts dagegen und so lud sie in einer sehr beeindruckenden Rede die Gläubigen im Anschluss dazu ein, mit nach draußen zu kommen. Es gab einen frenetischen Applaus. Unter kräftigen Orgelklängen zogen wir im Anschluss an den Osternachtsgottesdienst vor die Kirche und sahen zu, wie die Fahne gehisst wurde. Ich stand mit etwas Abstand und blickte auf sie, wie sie sanft im Wind flatterte. Aus dem Augenwinkel bemerkte ich einen älteren Herrn, der sich langsam am Stock auf mich zubewegte. Innerlich rüstete ich mich vor einem Angriff, aber es kam ganz anders. Der Mann dankte mir und sagte, dass es gut sei, dass wir uns so klar positionierten. Wir hätten »denen« so viel angetan, zuerst im Dritten Reich und dann mit dem Paragraphen 175 auch noch in der Bundesrepublik und leider auch in der Kirche. Mich beeindruckte und berührte das sehr.

Vor ein paar Wochen nun feierte ich wieder in derselben Kirche Gottesdienst, diesmal wehte die PACE-Fahne. Ich fand das angesichts des Krieges in der Ukraine ein starkes Zeichen. In der Sakristei erzählte mir dann aber eine ältere Messdienerin, dass sich eine Frau beim Pfarrer beschwert hätte: Sie könne nicht mehr in diese Kirche gehen, weil eine Regenbogenfahne

davor wehe. Daraufhin wurden die Fahnen wieder herunter-
geholt und man argumentierte: Die PACE-Fahne hätte ja
auch Regenbogenfarben. Die Enttäuschung gerade bei diesen
jungen Menschen war groß. Natürlich ist Kirche nicht einfach nur Mehrheit. Doch kann eine Person, die sich mit einer
Fahne schwertut, wirklich alle Beschlüsse der Gremien über
den Haufen werfen? Noch dazu ohne offene Diskussion, sondern durch eine klammheimliche Beschwerde. Ja, das geht –
leider. Und so läuft es oft im Kleinen und im Großen. Und
genau das meine ich, wenn ich weiter oben schreibe: Die Gräben verlaufen nicht nur durch Klerus und Nicht-Klerus, sondern sie verlaufen kreuz und quer. Kreuzfeuer eben. Kleiner
Nachtrag: Am Ende des Ostergottesdienstes wollte die Jugend
wieder eine Fahne hissen und tat es erneut. Meinen Segen hatten sie und die ganze Gemeinde war wieder dabei. Jetzt flat-
tern zwei Fahnen im Wind: PACE und Regenbogen.

Und das ist nur das nationale Kreuzfeuer. International, das
haben die Reaktionen auf den Synodalen Weg gezeigt, sind
die Gräben mindestens genauso tief und breit. Mich hat in
diesem Zusammenhang ein Brief sehr berührt, der von einem
schwulen Pärchen bei mir eintraf. Die beiden hatten über
mich gelesen und wollten im Sommer 2022 heiraten. Sie
wünschten sich neben der Feier im Standesamt eine kirchliche
Feier. Ich kannte die beiden nicht und wir trafen uns. Der
eine Partner kam aus einem asiatischen Land, seine Familie
sei sehr katholisch und recht aktiv in der Pfarrei. Er hatte sich
nie getraut, ihnen von seiner sexuellen Orientierung zu berichten, aus Angst, verstoßen zu werden. Seine Hoffnung war
nun, dass eine kirchliche Segensfeier den Eltern gegenüber

deutlich machen konnte, dass ihre Liebe Bedeutung hat und auch bei Gott wertgeschätzt wird. Es war ein sehr emotionales Gespräch. Ich hätte heulen können. Mir wurde dadurch noch einmal deutlich, wie viel wir als weltweite Kirche tun könnten, dass Menschen weltweit wegen ihrer sexuellen Orientierung nicht verfolgt und ausgegrenzt werden. Der Vatikan ist in so vielen Ländern mit seinem Botschaftspersonal vor Ort, das wäre doch mal eine sinnvolle Aufgabe für die Nuntiaturen.

Die drei Fragen und die Antworten darauf hängen nicht nur von diesem »heißen« Eisen ab, das ist hoffentlich auf den vorangegangenen Seiten deutlich geworden. Doch gerade die Fragen, was wirklich an Veränderung möglich ist und wie ich mich dazu verhalte, haben durch dieses vergangene Jahr an Lautstärke gewonnen. Interessanterweise nicht selten dann, wenn es überhaupt nicht schrill zuging. Polemiken sind einfach abzutun. Manche zurückhaltenden oder gar leisen Ereignisse hallen viel mehr nach. Zum Beispiel eine Fernsehsendung des SWR in Mannheim, zu der ich eingeladen war, der SWR-Bürgertalk mit Florian Weber zum Thema: »Mal ehrlich … wer braucht noch die Kirche?« Die Mitdiskutanden kamen aus den Reihen von Maria 1.0, Maria 2.0, der Psychotherapeut und Theologe Manfred Lütz, ein angehender Priester, ein Priester, der regelmäßig queere Paare segnet, eine evangelische Pfarrerin und ein Mann, der nach Jahren großen Engagements die Kirche verlassen hat. Eine interessante und leidenschaftliche Talkrunde, leider war die Zeit für die Vielschichtigkeit des Themas zu kurz. Irgendwann erklärte Manfred Lütz mit einem spitzbübischen Grinsen wortreich, dass das Schreiben aus Rom Segnungen für Einzelne ja gestatten würde und man müsste daher die beiden einfach nur nebeneinanderstellen – genug Abstand, aber auch nicht zu viel – und dann segnen. Wenn man nun einfach, quasi aus Versehen, zu weit aushole, dann segne man ja doch irgendwie beide. Ich fand seine Ausführungen zwar ganz amüsant, aber ich merkte gleichzeitig auch, wie in mir Widerstand aufkeimte. Ich wollte keine kreativen Umwege gehen. Ich wollte diese Heimlichtuerei nicht mehr! Für mich war klar: Entweder segne ich auch Liebende, die queer sind, oder ich lasse es bleiben. Wenn die Kirche wirklich zu einem Ort der Wahrheit und der Freiheit werden soll, dann muss alles andere endlich ein Ende haben.

Allerdings bin ich realistisch genug, mir hier nicht allzu viele Hoffnungen zu machen. Leider. Es gibt zwar tolle Aufbrüche in Pfarreien weltweit und viele mutige Frauen und Männer, die großartige Arbeit für und mit queeren Menschen leisten. Doch schon die kleine Äußerung des Papstes im Filminterview, dass im Zivilrecht für homosexuelle Partnerschaften mehr getan werden müsse, rief weltweit konservative Bischöfe auf den Plan und die päpstliche Presseabteilung ruderte kurze Zeit später zurück und verwässerte die Aussage des Papstes bis zur Unkenntlichkeit. Das meinte ich, wenn ich vorher davon sprach, dass für bestimmte Kreise die Eisen heiß, ja sogar glühend sind, während sie im Rest der Gesellschaft und auch anderen Kreisen von Kirche selbstverständlich sind. Ich kann deshalb einfach nicht erkennen, dass die Kirche im Ganzen sich dieses Themas ehrlich annimmt. Die mutigen Aufbrüche sind lediglich Inseln in einem großen Ozean von Ignoranz und Ausgrenzung. Und dieser Ozean erstreckt sich nicht nur auf queere Menschen, auch andere Gruppe werden ausgegrenzt: Frauen, deren Berufung nicht ernst genommen wird, weil sie nun mal Frau sind. Männer, deren Berufung nicht ernst genommen wird, weil sie nicht ehelos leben wollen oder können. Was aber ist das für eine Kirche, die nicht dem Beispiel Jesu folgt, der auf alle Menschen zuging und gerade auf die am Rande? Mehr noch: die Menschen, queere oder mit einer anderen Berufung als vom Kirchenrecht vorgesehen, als am Rand betrachtet. Ist das nicht der eigentliche Skandal: Menschen, die zur Gesellschaft gehören, als Randgruppen überhaupt erst an den Rand zu schieben?

Die Sache mit der Co-Abhängigkeit

Während meines Ausbildungskurses in klinischer Seelsorge in New York habe ich auch in einem AIDS-Hospiz gearbeitet. Ich sollte dort eine Gruppe Anonymer Alkoholiker begleiten und bei den Treffen einen geistlichen Impuls vorbereiten. Für mich war das eine vollkommen neue Welt. Es handelte sich meist um junge homosexuelle Männer, die an AIDS erkrankt waren. Etliche waren nicht nur alkoholabhängig gewesen, sondern hatten auch diverse illegale Drogen konsumiert. In dieser Gruppe lernte ich alles über das 12-Stufen-Programm der Anonymen Alkoholiker. In den Runden sprachen alle in schonungsloser Offenheit über ihr Leben und ihre Sucht. Das mussten sie lernen. Und wir mussten lernen, zuzuhören. Es war anstrengend, diese Leidensgeschichten zu ertragen, oft unterbrochen durch lange Pausen des Schweigens, des Ringens um Worte, durch Tränen. Da war so viel Schmerz und da waren so viele zerplatzte Träume im Raum. Und gleichzeitig war es beeindruckend zu sehen, wie Menschen, die über Jahre gelernt hatten, alles zu tun, um ihre Sucht zu verheimlichen, wie diese Menschen auf einmal offen und ehrlich über den ganzen Mist ihres Lebens redeten. In diesem Zusammenhang lernte ich zum ersten Mal die Gruppe der Co-Abhängigen kennen; auch später als Pfarrer hatte ich in unterschiedlichen Zusammenhängen immer wieder mit Menschen zu tun, die co-abhängig waren. Meist handelte es sich dabei um Angehörige, die sich wegen der Abhängigkeit des Partners oder des Kindes schämten und alles unternahmen, um den Abhängigen zu schützen. Sie litten darunter und versuchten trotz allem, den Schein zu wahren, um so den Partner oder das Kind zu unterstützen. Dadurch machten sich die Menschen allerdings selbst mehr und mehr abhängig, abhängig von der Sucht des Partners. Die Co-Abhängigen erkrankten darüber oft selbst, physisch wie psychisch. Dadurch ergab sich ein Teufelskreislauf. Denn Co-Abhängige wollten zwar dem Abhängigen helfen, trugen aber selbst dazu bei, dass die Leidensgeschichte für alle Beteiligten immer länger wurde. Denn es kam nie zum totalen Zusammenbruch. Sie ließen den Abhängigen nicht fallen und damit nicht auf den Boden der Tatsachen prallen. Eigentlich absurd: Aus Loyalität, Freundschaft oder Liebe heraus taten die Co-Abhängigen gerade nicht das Richtige, sondern das, was die Abhängigkeit des Partners verlängerte und die eigene erzeugte. Doppelte Abhängigkeit.

Ich schreibe dies so ausführlich, weil ich mich schon länger frage, ob nicht auch ich co-abhängig bin. Co-abhängig von dieser Kirche. Ich bin mehr und mehr der Meinung, dass diese Kirche krank ist und gleichzeitig nicht in der Lage, anders als jene Männer damals in New York, über ihre dunkelsten Kapitel zu sprechen. Immer wieder versucht man, die Realität schönzureden und den Laden irgendwie am Laufen zu halten. Doch das ändert nicht nur nichts. Es verhindert, dass der Abhängige und die Abhängige wirklich ehrlich darüber sprechen, was Sache ist. Von echten Veränderungen des Verhaltens ganz zu schweigen.

Ja, natürlich sehe ich Aufbrüche. Doch ich sehe auch viel, bei dem sich diese Kirche so unendlich schwertut, Fehler anzuerkennen. Aufklärung, Aufarbeitung und zukünftige Prävention der furchtbaren Verbrechen von sexualisierter Gewalt an Kindern, Jugendlichen und erwachsenen Schutzbefohlenen sind leider noch lange nicht vollumfänglich abgeschlossen. Gleichzeitig wird immer deutlicher, dass auch in der (geistlichen) Begleitung von Erwachsenen Verbrechen passiert sind und immer noch passieren. Hierbei handelt es sich um geistlichen Missbrauch, und das Ausmaß wird erst langsam deutlich, auch weil hierzu noch nicht vergleichbar geforscht wurde.

Wir haben durch die Initiative #OutInChurch gehört, wie Menschen, die zur LGBTQ-Community zählen, in dieser Kirche leiden und wie viel Angst ganze Biografien geprägt hat. Wir haben durch die Berufungsgeschichten vieler Frauen gehört, wie wenig wertschätzend Kirche mit ihren Berufungen umgeht. Wir wissen schon lange, dass es viele Priester gibt, die in ihrem Zölibat nicht glücklich und zufrieden sind, sondern darunter leiden oder eine Beziehung zu einer Frau oder einem Mann leben. Neben diesen Themen gibt es all die vielen größeren und kleineren Verletzungen, die Menschen in der Kirche erfahren, weil Macht ausgeübt wird, lieblos mit ihren Anliegen umgegangen wird und sicher noch so manches mehr. Und wenn die/der Abhängige doch Fortschritte macht und stolz darauf ist und davon in Nicht-Kirchenkreisen erzählt wird, dann spürt Kirche schnell: Das ist im Rest der Gesellschaft selbstverständlich. Schon längst. Das ist kein heißes Eisen, sondern einfach nur Alltag und Praxis. Das macht es noch schlimmer.

Vermutlich hat jede Institution, haben alle Kirchen und alle Religionen Fehler und produzieren Verletzungen und Kränkungen. Und natürlich wird es in allen Institutionen Verbrecher geben, die aus ihrer Position heraus anderen Schaden zufügen. Das ist so, weil Menschen nun einmal Fehler machen, andere verletzen oder sogar Verbrechen begehen. Aber wenn Strukturen, ja, wenn ein ganzes System dieses Verhalten eher noch begünstigt, dann ist es krankmachend und muss schleunigst geändert werden. Dies erlebe ich in der Kirche aber nicht. Ich weiß, das klingt hart und es wird Menschen wehtun, die sich genau dafür einsetzen, dass sich etwas ändert. Doch es nicht auszusprechen, wäre das Verhalten eines Co-Abhängigen. Denn ich sehe Ansätze, diese sind gut und verheißungsvoll. Aber sie sind aus meiner Sicht viel zu lokal begrenzt und nicht umfassend genug. Selbst wenn es der Kirche in Deutschland flächendeckend gelänge – weltkirchlich ist die Kirche von diesem Ziel noch sehr weit entfernt.

Dies ist das Thema der Kirche. Mein Thema ist meine Co-Abhängigkeit. Natürlich könnte ich jetzt zum einen darüber sprechen, wie auch ich durch mein Verhalten dazu beitrage, dass Kirche so ist, wie sie ist. Das ist so und meine Fehler sehe ich sehr deutlich. Auch das tut weh. Andererseits bin ich jemand, der durch seine Co-Abhängigkeit dazu beiträgt, dass dieses ganze System weiter am Leben bleibt. Beim Alkoholiker sind es ja auch gerade jene Unterstützungssysteme, die oft dazu beitragen, dass sich jemand so lange in seiner Abhängigkeit halten kann. Dieses Bild mit der Co-Abhängigkeit kam mir in den Sinn, weil mir immer und immer wieder Menschen schreiben: »Wegen Ihnen trete ich nicht aus der Kirche aus.« Das ertrage ich nicht mehr.

Ich weiß natürlich, dass Bilder und Analogien ihre Grenzen haben. Aber seitdem mir dieser Gedanke mit der Co-Abhängigkeit in den Sinn gekommen ist, lässt er mich nicht mehr los. Es ist ein schwerer Prozess, sich diese Co-Abhängigkeit einzugestehen, denn dies bedeutet, dass Eltern oder die Partnerin oder der Partner ertragen müssen, dass der Abhängige total abstürzt; erst dann und vor allem erst dadurch kann etwas Neues beginnen. Ich würde das Kirche wünschen. Denn erst dadurch kann der Abhängige zu der Aussage gelangen, die im 12-Stufen-Prozess lautet: »Wir gaben zu, dass wir dem Alkohol gegenüber machtlos sind – und unser Leben nicht mehr meistern konnten.« Vielleicht muss auch für uns als Kirche so ein Eingeständnis folgen, dass wir als Kirche begreifen, dass wir ganz unten angekommen sind und ganz und gar auf Gottes liebende Zuwendung angewiesen sind.

Dabei geht es nicht darum, die Situation zu spiritualisieren, sondern es geht zuerst einmal darum, sich einzugestehen, dass in dieser Situation und mit dem bisherigen Weg nicht weiterzukommen ist. Einzugestehen, dass wir in der Sackgasse sind. Wir sind nicht mehr in der Lage, das bisherige Leben weiterzuführen. An diesem Punkt braucht es Gottes Gnade und Zuwendung, damit man den Mut und die Kraft findet, einen neuen Weg zu gehen. Am Anfang braucht es diese Erkenntnis und dann ein langes, sehr langes Schuldbekenntnis. Nur wenn das gelingt, sind echte Heilung und ein wirklicher Neubeginn möglich. Das ist schmerzhaft und tut weh und kostet viel Kraft und Energie. Aber nur dann erkennt man, dass viele Probleme nicht spirituell-geistlich sind und auch keine heißen Eisen, sondern Selbstverständlichkeiten, die längst hätten angegangen werden müssen. Indem man auf allgemeine gesellschaftliche Prinzipien blickt – ohne dass man sich anbiedert, um den Pauschaleinwand vorwegzunehmen.

Loyalität als Verpflichtung – oder: Wer dient hier eigentlich wem?

Kaum ein Thema war in den letzten Wochen und Monaten so in aller Munde wie die kirchliche Grundordnung. Auslöser war ein Beitrag mutiger Frauen und Männer in der ARD, die sich öffentlich dazu bekannt haben, queer zu sein und gleichzeitig in der römisch-katholischen Kirche zu arbeiten oder gearbeitet zu haben, die Initiative #OutInChurch. Der Beitrag war berührend, denn die, die dort ihre Geschichten erzählten, waren genau die Menschen, die jede und jeder im Raum der Kirche tagein, tagaus treffen kann. Leute wie du und ich, aber eben Menschen, die nicht glücklich und zufrieden zur Arbeit gehen, sondern die Angst haben, die einen wichtigen Teil ihrer Persönlichkeit verstecken müssen oder die manchmal auch den Menschen verstecken oder gar verleugnen müssen, den sie lieben. Zu hören, was für Ängste und Sorgen diese Mitarbeitenden täglich hatten oder immer noch haben, war schockierend. Vor allem für jemanden wie mich, der in diesem Moment an der Spitze einer kirchlichen Verwaltung stand.

Als Kaplan hatte mir einmal eine pastorale Mitarbeiterin erzählt, was Berufseinsteigende in der Gruppe der Pastoralreferenten/-innen unternehmen, damit ja nicht auffällt, dass sie mit einem Partner oder einer Partnerin zusammenleben. Damit wir uns nicht missverstehen: Es ging alleine um die Tatsache, dass ein heterosexuelles Paar, noch nicht verheiratet, unter einem Dach lebte. Aus der Sorge heraus, deswegen Probleme in der Ausbildung zu bekommen oder die Übernahme in das Beschäftigungsverhältnis zu gefährden, wurde gelogen und alles Mögliche unternommen. Ich weiß noch, wie ich dies damals für vollkommen übertrieben zurückgewiesen habe. So schlimm konnte Kirche als Arbeitgeberin doch nicht sein. Bestimmt nicht.

Später als Pfarrer erlebte ich einmal hautnah mit, wie schnell die Personalabteilung reagiert, wenn jemand aus der Kirche austritt: Eine Erzieherin hatte sich an mich gewandt mit dem Wunsch, katholisch zu werden. Sie war bei uns in einer Kita beschäftigt, erlebte durch ihre dortige Tätigkeit unsere Pfarrei und die Gottesdienste, und so war der Wunsch in ihr gewachsen, katholisch zu werden. Sie wurde auf den Übertritt vorbereitet und danach galt es, den Papierkram zu erledigen. Um die Erlaubnis für die Aufnahme beantragen zu können, musste die Austrittsbescheinigung aus ihrer bisherigen Kirche beigefügt werden. Sie brachte mir alles vorbei und ich machte die Unterlagen ein paar Tage später fertig. Doch noch bevor ich alles fertig machen konnte, um es nach Speyer zu schicken, erhielt ich schon den Anruf aus der Personalabteilung: Man sei schockiert, dass eine Mitarbeiterin aus einer meiner Kitas aus der evangelischen Kirche ausgetreten sei und es gelte nun, zeitnah zu handeln; man wolle daher nun das weitere Vorgehen mit mir absprechen. Als ich erklärte, ihr Austritt sei mit mir abgesprochen, verstummte die Personalsachbearbeiterin für einen kurzen Augenblick, um mich dann darüber zu informieren, dass der Kirchenaustritt ein Verstoß gegen die Loyalitätsobliegenheiten sei und ich da nichts machen könne. Glücklicherweise konnte ich sie beruhigen, dass diese Frau kurz vor ihrem Kircheneintritt in die römisch-katholische Kirche stand. Damit war die Welt aus Sicht des kirchlichen Arbeitsrechts wieder im Lot. Es erinnerte mich aber an Erzählungen von Menschen, die kurz nach der Geburt von Kindern schon darauf aufmerksam gemacht wurden, dass diese Kinder zu taufen seien – und überhaupt, warum sei das eigentlich noch nicht geschehen?

Ich kann nur erahnen, was dies bei Mitarbeitenden an Druck und möglicherweise ebenfalls Angst erzeugt. Als Generalvikar bin ich genau dieses Thema mit der zuständigen Hauptabteilungsleiterin angegangen, denn die Sachbearbeitenden müssen auf Anweisung handeln. Da wir beide noch verhältnismäßig »neu« waren, konnten wir getrost so manchen alten Zopf, den es da noch gab, endlich abschneiden. Das war solch ein Zopf.

Das dritte Erlebnis in Bezug auf Loyalitätsverpflichtungen habe ich am Anfang der Corona-Pandemie gemacht. In der Anfangszeit der Pandemie versuchten Gesundheitsämter, Infektionsketten mit Fax und Telefon nachzuverfolgen, hierbei wurden auch Arbeitgeber verpflichtet, Adressen der Mitarbeitenden herauszugeben. Ich fand das sehr einleuchtend und sah es eher unkritisch, bis ich in einer Besprechung in kleinem Kreis erfuhr, dass wir genau dies von einigen Mitarbeitenden nicht hätten. Die MAV (Mitarbeitervertretung) machte uns auf diese Tatsache aufmerksam, denn manche Mitarbeitende lebten in Scheidung und hatten eine neue Beziehung begonnen, und aus Sorge, dass wir hier einen Loyalitätsverstoß abmahnen könnten, wurde uns eine Scheinadresse gegeben. Dies betraf möglicherweise auch queere Mitarbeitende. Ich war vollkommen geschockt und sofort fiel mir das Gespräch aus Kaplanstagen ein. Doch dass diese Angst so groß war und auch noch bei denen, die schon lange für uns arbeiteten, das war mir neu, damit hätte ich nie gerechnet. Ich wollte damals die ganze Zeit einwenden: »Hört doch auf, so sind wir nicht!« Weder mein Vorgänger noch ich hatten so gehandelt und jemandem wegen eines Loyalitätsverstoßes gekündigt. Gleichzeitig fiel mir ein ehemaliger Mitarbeiter ein, der von sich aus gegangen war und bei dessen schöner Verabschiedungsfeier ich mich fragte, ob er wohl geblieben wäre, wenn wir diesen ganzen Mist nicht hätten. Er hat das im Gespräch mit mir verneint, aber ein Restzweifel blieb. In der Corona-Situation wurde mit der MAV und dem Datenschutzbeauftragten eine Lösung erarbeitet, die den Einzelnen die Sicherheit gab, dass wir die Daten nicht personalrechtlich verwenden und gleichzeitig eine Warnung im Falle eines

Infektionsgeschehens schnell weitergeben konnten. Was wir nicht wirklich gelöst hatten: Die Tatsache, dass dort Menschen Angst vor Kirche hatten, mindestens vor Kirche als Arbeitgeberin. Und dass durch diese Angst Menschen in Heimlichtuerei und in Lügen getrieben wurden.

An all dies musste ich denken, als ich diese Doku ansah. Zwar musste ich mir nicht den Vorwurf machen, dass ich jemanden wegen eines Loyalitätsverstoßes vor die Tür gesetzt hätte. Soweit ich das überblicken kann, wurde zumindest in den letzten fünfzehn Jahren keinem/keiner Mitarbeitenden wegen einer Loyalitätsobliegenheit gekündigt. Davor sind mir zumindest keine Fälle bekannt geworden, aber ausschließen kann ich das nicht. Und doch machte mir all das deutlich, wie angsteinflößend und damit auch krankmachend dieses System ist – und dass ich dafür an sehr hoher Stelle stand und dieses System mittrug.

Das zeigte sich auch an einer Begebenheit, in der die Grundordnung ein anderes Vorgehen erwartet hatte. Eine Religionslehrerin im Kirchendienst hatte uns mitgeteilt, dass sie ihre langjährige Partnerin standesamtlich geheiratet habe. Die Lehrerin stand kurz vor der Pensionierung. Trotzdem waren manche der Meinung, wir müssten ihr direkt die Missio entziehen und weitere arbeitsrechtliche Schritte in die Wege leiten.

Ich wollte das alles nicht.

Aber ich war auch nicht mutig genug, ihr zu ihrer Eheschließung zu gratulieren. Das hätte sich gehört. Stattdessen entschied ich, dass wir gar nicht reagierten. Wir saßen es aus und machten nichts. Wieder einmal hatte mir der Mut gefehlt.

Immerhin, nach einer gewissen Zeit, handelten wir – und zwar öffentlich. Das ging aber auch nur deshalb, weil Bischof Wiesemann die gleiche Einstellung vertrat und meine Handlungen immer vollumfänglich unterstützt hatte. Wir wollten ein klares und deutliches Signal nach außen geben und zugleich auch strukturell etwas anstoßen, in diesem Fall auf der Ebene des Verbands der Diözesen Deutschlands (VDD), dort traten wir offen für eine Änderung des kirchlichen Arbeitsrechts an. So kam es zu einem ersten Post bei Facebook: »Ein offenes Bekenntnis zu Homosexualität hat im Bistum Speyer keine arbeitsrechtlichen Konsequenzen.« Die Resonanz war groß. Zugleich war klar, dass dies nur der Auftakt sein konnte. Die Stimmung in der Mitarbeiterschaft war damals ziemlich aufgewühlt. Kurz zuvor war das Münchner Gutachten veröffentlicht und dabei auch Fälle in der Zeit von Kardinal Friedrich Wetter und Kardinal Joseph Ratzinger thematisiert worden. Friedrich Wetter stammt aus der Diözese Speyer, war Bischof hier, ist Ehrenbürger seiner Heimatstadt Landau und ein Platz wurde ihm zu Ehren so benannt. Die Rolle Ratzingers bekam durch die Tatsache, dass er als Papst Benedikt XVI. selbst einmal auf dem Stuhl Petri saß, eine besondere Brisanz und wurde zur totalen Blamage, als klar wurde, dass die Angaben Ratzingers nicht stimmten und er dies einräumen musste. Selbst wenn man dies nicht als Lüge einordnet, sondern »nur« als Fehler – die Gemüter waren nach den Berichten über diese Vorgänge ziemlich erhitzt, und so stellten der Bischof und ich uns in diversen Videokonferenzen unseren Mitarbeitenden. Wir wollten Kritik und Nachfragen einen Raum geben und hören, was los sei. Schnell wurde mir klar, dass unser Statement nicht wirklich adäquat war. Es brauchte mehr. Allerdings wusste ich, dass irgendwelche Ehrenerklärungen nicht nur nicht helfen, sondern die Frustration, Enttäuschung und sogar Wut noch steigern würden. Wir mussten handeln. Und das bedeutet, dass wir Abschnitte der Grundordnung aussetzen müssten: Die Kirchen haben in Deutschland das verfassungsmäßig verbriefte Recht auf ein eigenes Arbeitsrecht. Dieses eigene Arbeitsrecht wird meist als »dritter Weg« bezeichnet. Die »Grundordnung des kirchlichen Dienstes im Rahmen kirchlicher Arbeitsverhältnisse« in der Fassung vom 27.04.2015 beschreibt dabei die wichtigsten Regelungen. Die sogenannten Loyalitätsobliegenheiten werden in den Paragraphen 4 und 5 behandelt. Heute sehe ich nur eine Lösung: Entweder wird der dritte Weg, also das eigene kirchliche Arbeitsrecht, abgeschafft, oder es werden zumindest die Loyalitätsobliegenheiten im kirchlichen Arbeitsrecht aufgegeben.

Um kein Missverständnis aufkommen zu lassen: Ich sehe durchaus auch die guten Seiten des kirchlichen Arbeitsrechts, doch die nötigen Reformen passieren zu langsam. Und ich glaube nicht, dass dieser kirchliche Sonderweg angesichts diverser EuGH-Urteile auf Dauer zu halten sein wird. Nichtsdestotrotz will an dieses Thema kaum jemand ran und ich blicke, während ich diese Zeilen schreibe, mit Spannung und leider auch etwas Skepsis auf die VDD-Vollversammlung Mitte Juni. Hier könnte das neue Arbeitsrecht verabschiedet werden. Doch während in den Tagen nach der Veröffentlichung der

ARD-Doku offenbar fast allen plötzlich ganz klar war, dass nun alles schnell gehen muss, gewinnen jetzt die Bedenkenträger langsam wieder die Oberhand. Vor Kurzem las ich davon, dass im Juni erst mal »nur« eine erste Lesung stattfinden und erst im Herbst ein Beschluss verabschiedet werden soll. Ich kann das nicht verstehen: Schon wieder wird gebremst, relativiert, vielleicht auch auf Zeit gespielt. Nur auf welche Zeit? Auf was will man denn noch warten? Am Schluss geht es doch gar nicht mehr nur um das Arbeitsrecht, sondern darum, ob Kirche queere Mitarbeitende, die in verkündigungsnahen Berufen arbeiten und eine gleichgeschlechtliche Ehe eingehen, (weiter) beschäftigen will. Ich meine: Unbedingt! Ändern wir endlich unseren Kurs und heißen alle willkommen – angstfrei, so wie sie sind und wie sie lieben und leben!

Und das berühmte »Aber«? Ich kenne genügend Bischöfe in Deutschland, die diesen Schritt nicht mitgehen werden. Nicht nur sie. Auch aus Pfarreien bekommen wir immer wieder sorgenvolle Briefe, weil die Ehe eines/einer pastoralen Mitarbeitenden gescheitert ist und dass dies doch nicht akzeptabel und die Person kein gutes Vorbild sei. Ich ahne nur, was da für Briefe kommen werden, wenn der/die erste pastorale Mitarbeitende offen in einer queeren Beziehung lebt. Deshalb ist noch ein weiter Weg zu gehen und viel an Vorurteilen abzubauen. Das ist nicht die Mehrheit, aber bei Kirche ist oft die konservative und reaktionäre Minderheit sehr laut und zumindest verbal sehr aggressiv. Welche Möglichkeiten bleiben dann? Wie kann man solche überfällige Reformen durchsetzen, als Generalvikar zum Beispiel, also als nominelle Nummer zwei im Bistum? Wo bleibt da die Macht zu Veränderungen?

Machtsystem Kirche: Wer hat das Sagen?
Und wer lässt sich etwas sagen?

Die Planung meines Kalenders übernahm in den letzten vier Jahren meine Sekretärin und ich bewundere sie dafür, dass sie nicht schon längst an der Unmöglichkeit verzweifelt ist, alle Anliegen und Wünsche unter einen Hut zu bringen. Eines Tages bekam ich mit, wie ein älterer Herr im Vorzimmer versuchte, einen Termin für einen Vortrag zu bekommen. Die Zusage, dass ich bei dem Verein einen Vortrag halten würde, hatte ich bereits gegeben, und jetzt wurde ein Termin gesucht. Es ging hin und her und ich dachte, ich könne vielleicht helfen. Deshalb ging ich raus, begrüßte den Mann und beteiligte mich an der Terminsuche. Er machte einen weiteren Terminvorschlag und beim Blick auf den Kalender war klar, dass dieser Vorschlag mit dem Tag meines Abijubiläums zusammenfiel. Ich erklärte das dem Mann und er antwortete sofort: »Herr Generalvikar, das ist kein Problem.« Er machte eine Pause und sagte dann ganz bedächtig: »Da müssen Ihre Mitschüler ja mächtig stolz sein, einen Generalvikar in ihren Reihen zu haben.«

Ich lachte und antwortete, dass heute kaum noch jemand wisse, was ein »Generalvikar« sei, und meine ehemalige Stufe damit nicht so viel anfangen könne. Der schaute mich an, fast ein bisschen fassungslos. Doch es stimmt. Allein die Begrifflichkeit »Generalvikar« sagt heute vielen Menschen nichts mehr. In Briefen und Mails geht es gerne durcheinander und man wird mit »Vikar« angesprochen. Immerhin: »General« hat, außer vielleicht im Spaß, niemand je zu mir gesagt.

Ich erzähle diese kleine Episode am Beginn dieses Kapitels, das von der Macht handeln wird. Wobei »die Macht« bereits ambivalent formuliert ist; ich glaube, dass Macht ein ziemlich schillernder Begriff ist, bei dem sich sehr viele auch sehr viel Unterschiedliches vorstellen.

Was hat also Generalvikar mit Macht zu tun? Man muss nicht lange herumreden: In der kirchlichen Hierarchie ist der Generalvikar das Alter Ego des Bischofs, quasi sein Stellvertreter, und man hat als Leiter des Bischöflichen Ordinariats eine machtvolle Position. Und die Tatsache, dass ich als Generalvikar zurücktrete, als »zweiter Mann im Bistum«, lässt – hoffentlich! – tief blicken. Ich gehe aus freien Stücken, es gibt keine Skandale, keine entsprechende Kritik an meiner Person, und schon gar keine »Leichen im Keller«. Ich gehe aus freien Stücken als jemand, der weiter oben in der kirchlichen Hierarchie stand und Entscheidungen fällen musste, als ich das jemals geglaubt und letztlich auch gewollt hätte. Ich sage das ohne jeden Dünkel oder Triumphalismus. Zugleich bin ich mir der Tragweite mit Blick auf wahrscheinliche Reaktionen bewusst. Ich weiß: Ich schreibe dieses Buch als Generalvikar, als Noch-Generalvikar. Was ich schreibe, sagt viel aus über Macht und Amt und weshalb sich gerade an meinem Amt einiges zeigt, woran Kirche krankt. Meine Entfremdung hat viel früher begonnen, aber sie hat auch mit meinen Aufgaben als Generalvikar zu tun und den Erfahrungen, die ich dort gemacht habe. Und damit meine ich nicht nur das, was ich bereits im Kapitel über den Missbrauch geschrieben habe.

Für mich waren die ersten Tage im Amt als Generalvikar ziemlich eigenartig. Während ich bei den Jugendverbänden und in der Hauptabteilung Seelsorge für alle einfach »Andreas« war, als Pfarrer eher mit »Herr Sturm« oder eben auch mit »Herr Pfarrer« angesprochen wurde, war ich jetzt der »Herr Generalvikar« und nur einige wenige nannten mich noch mit Vornamen oder Nachnamen. Besonders skurril: Ich duzte mich mit vielen Sekretärinnen, weil ich sie noch aus dem Jugendamt kannte, mit deren Vorgesetzten war ich dagegen in aller Regel beim »Sie«. Für mich und die meisten Sekretärinnen war das kein Problem, manche Abteilungs- oder Referatsleitung fand dies aber etwas seltsam.

Das war eben etwas skurril. Richtig ungewohnt verliefen aber bereits die ersten Tage im Sommer 2018, als ich ganz frisch im Amt war. Ich erinnere mich daran, wie ich zu Besprechungen kam, und alle standen und warteten darauf, dass ich mich setzte. Erst dann nahmen auch sie Platz. Auch kam es immer mal wieder vor, dass ich von einem Mitarbeiter etwas brauchte und einfach zu ihm ging, um die Sache direkt zu klären. Ganz harmlose Dinge oft. Ich erinnere mich dabei an Situationen, in denen jemand krampfhaft versuchte, einerseits mit mir Blickkontakt zu halten und andererseits parallel die Krawatte zu richten und ins Sakko zu schlüpfen. Ein paar Tage später wurde mir Folgendes mitgeteilt: Den Mitarbeitenden wäre es lieber, dass ich, wie dies in der Vergangenheit auch üblich gewesen sei, anriefe und die Leute zu mir bäte. Auf keinen Fall sollte ich einfach in Büros auftauchen. Ich war etwas ratlos. Denn auf der einen Seite wollte ich mir gerne meine spontane Art bewahren, aber ich merkte natürlich auf der anderen Seite, dass ich so manche Mitarbeitende in komische Situationen brachte. Das mag alles vollkommen aus der Zeit gefallen wirken, aber mir war wichtig, bei allem Respekt für Form und Etikette manche alten Zöpfe abzuschneiden. Durch Corona, die lange Zeit im Homeoffice und die vielen virtuellen Konferenzen hat sich hier sowieso manches überholt.

Und doch standen diese Erfahrungen aus der Anfangszeit meines Dienstantritts im starken Kontrast zu einer Tatsache, die mir von Tag eins an ebenfalls bewusst war: Der Generalvikar hat zwar in der diözesanen Hierarchie eine hohe Position, aber er ist auch komplett abhängig von seinem Bischof. Während ein kanonisch installierter Pfarrer sein Amt nur durch eigene Aufgabe oder ein Amtsenthebungserfahren verlieren kann, kann ein Generalvikar deutlich einfacher »gegangen werden« – inwieweit jüngste Rücktritte genau dafür ein Beleg sind, überlasse ich der Deutung der Lesenden.

Die Gleichzeitigkeit von Macht und Ohnmacht zeigt sich deshalb beim Amt des Generalvikars unglaublich deutlich. Das ist ein Problem. In den letzten Jahren wurde die Frage nach Macht sehr virulent diskutiert. Macht soll gestalterisch eingebracht werden. Im Fall von Kirche soll Macht dazu eingesetzt werden, dass wir uns als Kirche an Jesu Wort und seinem Beispiel ausrichten, dass wir eine Kirche sind, in der Frauen und Männer, Geweihte und Ungeweihte, Junge und Alte gemeinsam und auf Augenhöhe agieren. Dass wir eine Kirche sind, in der die Gaben und Berufungen des Heiligen Geistes gesehen, wertgeschätzt und eingebracht werden. In der wir alle als Christinnen und Christen gemeinsam Zeugnis ablegen für diesen Jesus, weniger durch viele kluge Worte als durch die zupackende solidarische Tat für andere. Dafür wird die Macht verliehen, da sind sich wohl (fast) alle einig.

Viel Geld, aber ohnmächtig? Die Wahrheit über die »reiche Kirche« und welche Grenzen Visionen haben

Warum wird die Macht dann nicht so eingesetzt? Ich als Generalvikar, als vom Amt her einer der mächtigsten Männer in der Diözese, habe das erfahren. Hat man nämlich den Anspruch an sich und an andere, sich für die oben genannte Form von Kirche einzusetzen, kommt man ganz schnell an Grenzen, dazu später mehr. Doch diese Grenzen erreicht man gar nicht erst, wenn diese Form einer Kirche nur ein Privattraum ist und nicht die Vision eines ganzen Bistums (soweit bei solchen großen und vielfältigen Organisationen von »einem Ganzen« die Rede sein kann, aber das gilt auch für andere Organisationen). Mit »meinem« Bischof Karl-Heinz Wiesemann hatte ich jemanden, der sehr ähnlich über all das und eine mögliche Form von Kirche dachte und sie gemeinsam mit dem Bistum angehen wollte. Wir hatten daher für das und mit dem Bistum einen Visionsprozess ausgerufen, an dessen Ende Folgendes stand:

»Berührt und bewegt von der Menschenfreundlichkeit Gottes wollen wir Segensort in der Welt sein: gastfreundlicher Ort heilsamer Unterbrechung, offener Raum des Dialoges, sicherer Seelsorge, unmittelbar erfahrbarer Nächstenliebe und der Feier der Gemeinschaft Gottes mit den Menschen.

Jesus Christus ist der Maßstab unseres Handelns. Er hat die Armen und Ausgegrenzten in den Mittelpunkt gestellt. Sein Evangelium ruft uns zur Umkehr.

Im Vertrauen auf den Heiligen Geist, der uns allen geschenkt ist, sind wir als synodale Kirche gemeinsam auf dem Weg. Wir sind weltweit verbunden mit allen Geschwistern im Glauben.

Wir engagieren uns anwaltlich für Gerechtigkeit und Frieden, für unser gemeinsames Haus Erde und für die gleiche Würde und die gleichen Rechte aller Menschen. Uns ermutigt unser Glaube an Gott, der ›alles neu machen‹ will (Offenbarung 21,5).«

Das klang schon einmal nicht schlecht. Doch wie nun musste diese Vision umgesetzt und mit Leben gefüllt werden? Und dabei stießen wir schon auf Grenzen. Die erste hatten wir bereits parallel zum Visionsprozess bilanzieren müssen, der Diözesanhaushalt wies ein strukturelles Defizit auf. Dies wurde zwar durch die gute gesamtwirtschaftliche Lage etwas abgemildert, doch die zahlreichen Kirchenaustritte seit Veröffentlichung der MHG-Studie, die wirtschaftlich schwierige Situation, bedingt durch die Corona-Pandemie und den Ukraine-Krieg, wirkten sich aus.

Ach, darüber beklagt er sich? Die Kirche hat doch Geld en masse, was soll das denn? Das wird sicher die eine oder der andere denken. Tatsächlich ist Geld in der Kirche (und vor allem das Geld der Kirche) ein großes Thema. Alle sprechen immer von der reichen Kirche. Nur ist die Situation der Bistümer sehr unterschiedlich. Es gibt sicher Diözesen, die historisch bedingt große Reichtümer haben; in manchen Bereichen von Kirche wird Geld sicher auch verschwendet oder zumindest nicht vernünftig ausgegeben; und genügend Menschen in der kirchlichen Hierarchie verdienen ordentlich, möglicherweise auch zu viel Geld. Das ist wahr. Wahr ist aber eben auch, dass es nicht die eine reiche Kirche gibt. Auch in Deutschland gibt es Bistümer, die nie große Besitzungen hatten und die immer knapp davor stehen, ihren Zahlungsverpflichtungen nicht mehr nachkommen zu können. Bedingt durch den pfälzischen Erbfolgekrieg und die Tatsache, dass ein Großteil des alten Bistums rechtsrheinisch war, hat Speyer heute nur wenige Besitztümer. Das Bistum ist sicher nicht arm, aber eben auch nicht reich.

Schon unter meinem Vorgänger wurde 2012, im Nachgang zum Finanzskandal in Limburg, die Entscheidung gefällt, alle Jahresabschlüsse des Bistums, des Bischöflichen Stuhls, des Domkapitels und der Eremitenanstalt (Priesterpensionskasse) extern überprüfen zu lassen und mit entsprechendem Testat zu veröffentlichen. Die Deutsche Bischofskonferenz hat 2019 dann erstmals allgemeine Regeln für die Rechnungslegung und Abschlussprüfung der diözesanen Haushalte beschlossen und sich damals umfassend zu verbindlichen und vergleichbaren Standards in ihrer Finanz- und Vermögensverwaltung verpflichtet. Das Interessante daran: Diese große Offenheit hat in meinen Augen nicht dazu geführt, dass die Mär von der einen reichen Kirche kleiner geworden wäre. Im Gegenteil, es herrscht bei vielen ein großes Unverständnis darüber, dass so hohe Rückstellungen für die Pensionen der Priester gebildet werden müssen. Diese Problematik ist zwar auch aus dem Bereich der öffentlichen Hand bekannt, denn auch dort sind aufgrund des niedrigen Zinsniveaus und der höheren Lebenserwartung der Beamten die Pensionskassen chronisch unterfinanziert. Warum aber bei Kirche Millionen aus dem laufenden Haushalt in eine Pensionskasse geschoben werden müssen, obwohl man dieses Geld doch viel dringender für Kinder- und Jugendarbeit, tropfende Kita-Dächer oder andere wichtige pastorale Felder benutzen sollte, das ist kaum noch vermittelbar. Ich muss gestehen, dass auch ich mir bis zu meinem Amtsantritt keine Gedanken um Pensionskassen, Bestätigungsvermerke, Zusatzversorgungskassen und Compliance-Fragen gemacht habe. All das wurde mir erst nach Amtsantritt klar und noch mehr, als wir uns an den Balanceakt machten, die Vision mit Leben zu füllen, ohne den Haushalt zu sprengen.

Ich weiß, dass das viele Menschen als Jammerei oder gar Heuchelei abtun werden. Und ich sehe auch die rhetorische Frage, was es denn nütze, wenn die Finanzierung gesichert sei, aber in zehn, in fünfzig oder spätestens hundert Jahren sich keiner mehr in dieser Kirche engagiert und einbringt. Ich kann all das verstehen, doch es ist wichtig zu verstehen, dass auch in der Kirche Macht gebunden ist – an Gremien und Aufsichtsorgane – und zumeist ist das auch gut und richtig so. Ich habe immer wieder den Eindruck gehabt, als glaubten manche, als Generalvikar könne man einfach frei über große Mengen Geld entscheiden oder als gäbe es irgendwo eine Schatzkammer, um Gefälligkeiten an Günstlinge zu verteilen. So ist das nicht. Trotzdem ist die Machtfülle enorm. Dieses Paradox von Macht und Ohnmacht macht zu schaffen, vor allem in Kombination mit dem Verantwortungsgefühl. Ich spürte das immer wieder dann, wenn ich meine Unterschrift unter Verträge, vor allem auch Arbeitsverträge, setzte. Ich gehe hier eine Verpflichtung ein – und sind wir in der Lage, unseren Teil zu erfüllen? Nicht nur heute und morgen, sondern auch in zehn oder 20 Jahren?

Kirche und Geld war somit für mich immer ein sehr vielschichtiges Thema: Macht, aber eben auch sehr viel Ohnmacht – und es war immer in der öffentlichen Meinung präsent, die immer nur von der reichen Kirche sprach.

Bei uns zeichnete sich mehr und mehr ab, dass wir die Ausgaben deutlich senken müssten. Genauer gesagt um 30 Millionen Euro bis zum Jahr 2030. Ein ambitioniertes Ziel und es hat zur Folge, dass Einrichtungen geschlossen werden, ganze Arbeitsbereiche aufgegeben werden und die Mittelzuwendung an Pfarreien und andere Einrichtungen teilweise deutlich reduziert wird. Das schmerzt, weil alle Arbeitsbereiche, in denen Kirche sich engagiert, für eine bestimmte Gruppe Menschen zur Heimat geworden ist. Wird ein Bereich geschlossen, ist das für die Menschen wie eine Vertreibung aus dieser Heimat. Und doch gibt es keinen anderen Weg. Doch selbst wenn diese Tatsache schweren Herzens akzeptiert wird, bleibt die Frage: Wie kommt man zu der Entscheidung, was und wo und wie eingespart wird? Mehr noch: Wer ist »man«? Wir sind keine synodale Kirche und da ist es klar, dass der Bischof jener »man« ist. Der Bischof entscheidet. Ist das richtig? Oder ist das falsch und eine totale Überforderung?

Fest zur kirchlichen Struktur gehört der Diözesane Steuerrat. Der Bischof hat dort eine Stimme – ich als Generalvikar hatte dort keine Stimme. In diesem Gremium agiert der Bischof zwar als Vorsitzender, ansonsten aber als Gleicher unter Gleichen. Allerdings trifft der Steuerrat keine politischen Entscheidungen, sondern gibt nur den Rahmen vor, wie viel gespart werden muss. Wo genau, das entscheidet letztlich der Bischof.

Andere Entscheidungsgremien im Bistum, bei denen der Bischof eine Stimme unter vielen ist, kennt unsere Kirche nicht. Somit ist am Ende immer er das berühmte Zünglein an der Waage. Ist das zeitgemäß und angemessen, wenn wir vom gemeinsamen Volk Gottes auf dem Weg sprechen, wenn dann einer alleine den Kurs vorgibt? Insofern bin ich Bischof Wiesemann unendlich dankbar, dass er in unserem Bistum dafür gesorgt hat, dass wir synodale Strukturen zumindest im Ansatz bekommen. Angelegt sind diese zwar nur als Beratungsgremien, aber immerhin.

Ein anderer Punkt, der oft übersehen oder unterschätzt wird: Die vielen Entscheidungen, die am Ende bei Bischof oder Generalvikar alleine liegen, wären meist auch leichter zu tragen, wenn sich mehrere an diesen Entscheidungen beteiligen würden. Es ist eben nicht so, dass alle entscheiden wollen. Auch das schwächt Kirche und spielt Personen, die gerne autokratisch agieren wollen, in die Hände. Mir geht es dabei nicht darum, Verantwortung nicht annehmen zu wollen oder mich vor Entscheidungen zu drücken, sondern strukturell Beratung und Entscheidung zu verankern. Die evangelischen Kirchen haben mit ihren Syoden eine lange Tradition und die episkopalen Kirchen und die Alt-Katholiken haben gezeigt, dass man auch Synodalität und bischöfliche Verfasstheit gemeinsam denken und praktizieren kann.

Der Synodale Weg versucht hier ein Umdenken. Ich finde auch gut, dass man einen Ansatz gewählt hat, der in den bestehenden kirchenrechtlichen Strukturen möglich ist. So fordert man Entscheidungsträger dazu auf, sich per Selbstverpflichtung zu binden, dass sie quasi per Selbstverpflichtung ihre Macht beschneiden. Zwar wäre eine grundsätzlichere Veränderung die richtigere Lösung, dies würde allerdings eine Veränderung auf Weltebene zur Folge haben oder voraussetzen. Und man ahnt, dass dies in keiner angemessenen Zeit passieren würde. Ob die Selbstverpflichtung allerdings dann letztlich wirklich ausreichend ist und auch überall funktioniert, das sehe ich mit Skepsis. Doch es ist ein Aufbruch. Nur wohin?

Die Spannung zwischen bischöflicher und synodaler Kirche beschäftigte mich lange. Zusammen mit dem Generalvikar von Essen, Klaus Pfeffer, wandte ich mich an die Generalvikarin der alt-katholischen Kirche in Deutschland, Anja Goller, und wir sprachen in einer interessanten und aufschlussreichen Videokonferenz. Danach wollten wir dieses Gespräch auch noch einmal in der Öffentlichkeit führen. Das taten wir bei zwei Veranstaltungen in den Akademien der Bistümer Essen und Speyer, in der Wolfsburg in Mühlheim an der Ruhr und im Heinrich-Pesch-Haus in Ludwigshafen am Rhein. Die Abende waren spannend, auch durch die Fragen aus dem Publikum. Was sich für mich herauskristallisierte und was viele möglicherweise nicht wissen: Die alt-katholische Kirche ist zum einen bischöflich verfasst und setzt gleichzeitig ganz auf synodale Strukturen. Eine kleine Kirche, aber es ist ihr gelungen, in ihren 150 Jahren beeindruckende Entscheidungen zu treffen. Entscheidungen, die teilweise genau jene Fragen betreffen, mit denen wir uns in der römisch-katholischen Kirche immer noch abmühen. Obwohl ich manchmal denke, dass ein Einzelner Entscheidungen schneller fassen könnte als eine Synode, zeigt genau die Erfahrung der alt-katholischen Kirche, dass synodale Strukturen frischen Wind und Aufbruchsgeist befördern oder sogar erst ermöglichen.

Mir ist dieser Exkurs zum Synodalen Weg und der alt-katholischen Kirche wichtig, weil ich glaube, dass nur ein Weg echter gelebter Synodalität auf allen Ebenen der Weg der Kirche sein kann. Macht auf einen Mann allein zu konzentrieren, ist am Ende auch eine Überforderung dieses einen Mannes. Das gilt auch für eine Frau, allein wäre auch sie überfordert. Das gilt letzlich auch für die Arbeit von Generalvikaren und Pfarrern. Gerade Pfarrer haben viel zu viele Aufgaben, die letztlich an ihrer Person hängen. Viele wollen das gar nicht. Sie wollen Seelsorge leisten und werden von Verwaltungsaufgaben überhäuft. Doch das Kirchenrecht schert sich nicht darum, was Einzelne wollen oder können. Es degradiert Bischöfe, Generalvikare und Pfarrer zur Eier legenden Wollmilchsau.

Solche Säue gibt es nicht und die Überforderung ist ein zentrales Problem dieser Kirche. Macht muss abgegeben werden und muss auf mehrere Personen verteilt werden oder vielleicht

auch in die Entscheidungskompetenz von Gremien über-
führt werden. Im Übrigen glaube ich, dass man in diesem
Zusammenhang auch über das Papstamt nachdenken müsste,
denn jene absolutistische Ausgestaltung des 19. Jahrhunderts
hat nur im Entferntesten etwas mit dem Leben und den Ideen
Jesu zu tun. Ich will es nicht abschaffen, denn der Dienst der
Einheit ist heute wichtiger denn je, aber weder der Papst noch
eine nachgeordnete Behörde muss alles für Teilkirchen regeln
und entscheiden.

Die Lösung in den Dokumenten des Synodalen Weges, vieles
über Selbstverpflichtung zu lösen, mag als eine Art Krücke
funktionieren. Nur sehe ich die große Gefahr, dass letztlich
doch wieder der Gnadenakt eines wohlwollenden Bischofs die
Voraussetzung für Partizipation ist. Das mag der eine Bischof
sogar echt wollen. Doch was passiert, wenn der eine Bischof
versetzt wird oder in Ruhestand geht? Dann hängt wieder alles
vom Neuen ab und das ist keine strukturelle Stabilität, die
mutige und langfristige Entscheidungen ermöglicht.

Macht muss strukturell eingehegt werden und darf nicht
der Freiwilligkeit eines Amtsträgers überlassen sein. Diese
Erfahrung haben wir in den letzten Jahren wieder und wieder gemacht: Wenn beispielsweise die Aufregung über ein
prunkvolles Bischofshaus in einem Bistum wieder abgeebbt
ist, engagiert man in einem anderen Bistum PR-Berater mit
astronomischen Gagen oder begleicht einfach mal die Spiel-
schulden eines Priesters. Für solche Fälle mag es sogar jeweils
gute Gründe geben, doch die Vorgaben bleiben schwammig.
Es braucht transparente Regeln und möglicherweise auch

klare Haftungsregelungen, dann würde vielleicht der vorgeschriebene und festgelegte Weg immer und zuverlässig eingehalten werden. Bischöfe sind keine Fürsten und haben sich auch nicht so zu gerieren, die meisten tun das auch nicht. Das selbstherrliche Getue einiger weniger dagegen ist kaum zu ertragen und fällt leider immer schnell auf alle zurück. Zwar wurde gerade in Bezug auf die Vermögensverwaltung im neuen kirchlichen Strafrecht einiges verschärft. Doch in vielen Ländern ist das Bischofsamt so überzeichnet, dass ich schon bezweifle, dass sich allein erst einmal Personen finden, die Unregelmäßigkeiten auch benennen. Selbst bei uns sind es ja oft nicht die Kontrollgremien, die Dinge aufdecken, sondern die Presse.

»Sie können mir gar nichts«: Die Macht des Mangels und die Folgen

Lassen Sie mich in diesem Zusammenhang noch einen anderen Aspekt von Macht ansprechen und ich erlaube mir einen etwas gewagten Vergleich: Wir haben in Deutschland das furchtbare Erbe des Nationalsozialismus und unser Volk ist verantwortlich für die unmenschlichsten Verbrechen im Holocaust. Wir haben zwar, von einigen Dummköpfen und Fanatikern abgesehen, aus dieser Erfahrung gelernt. Doch das ist kein Selbstläufer, sondern eine bleibende Aufgabe und wir werden als Einzelne und als Volk immer wieder gefordert sein. Ich will die Verbrechen der Nazis nicht mit den Verbrechen der Missbrauchstäter in einem Atemzug nennen, weil angesichts des Holocausts alle Parallelziehungen und

Vergleiche versagen. Doch was wir auch in Kirche brauchen, ist eine Mentalität, die sich, analog zu dem Mantra »Nie wieder Faschismus«, als Antwort auf die Verbrechen formuliert, die im Raum der römisch-katholischen Kirche stattgefunden haben. Eine Art Mahnmal, das uns immer daran erinnert, dass unkontrollierte Macht genau diese Verbrechen auch bei uns möglich gemacht hat und dass Betroffene bis heute darunter leiden. Wie das aussehen kann, weiß ich nicht, und dies sollte man mit den Betroffenen erarbeiten. Aber eines weiß ich: Macht gilt es auf allen Ebenen unbedingt zu beschneiden. Macht ist immer Versuchung und dieser Versuchung sollte Rechnung getragen werden. Ich hoffe und wünsche der Kirche, dass sie einen guten Weg findet – vielleicht hat sie ja sogar den Mut, sich positive Entwürfe bei den anderen christlichen Kirchen abzuschauen.

Dieses klare Plädoyer für die Machtbeschneidung könnte nun den Eindruck erweckt haben, wir Kleriker, besonders die in der Hierarchie weiter oben, seien unglaublich mächtig. Grenzen der Macht habe ich bereits angesprochen, finanzielle wie strukturelle. Doch es gibt noch eine ganz andere Grenze, die sehr oft nicht gesehen wird, die aber fundamental ist: Es ist richtig, dass ich als Generalvikar – sogar jetzt noch kurz vor meinem Austritt – nach Beratungen im Personalausschuss oder Vermögensverwaltungsrat über laufende Vorgänge entscheide. Das geht alles ziemlich geräuschlos. Auch bei Fragen zu Vorgängen in der Verwaltung liegt die letzte Entscheidung bei mir. Macht pur? Fehlanzeige. Ich erlebe sehr oft meine Ohnmacht oder sogar Machtlosigkeit; dann nämlich, wenn der Streit innerhalb einer Pfarrei oder eines Seelsorgeteams so groß wird, dass selbst Gemeindeberatung oder Supervision nicht mehr zielführend sind.

Mit der überwiegenden Zahl der Mitarbeitenden kann man in Personalgesprächen Lösungen finden, damit es für alle Beteiligten gut weitergeht. Immer mal wieder habe ich aber auch erlebt, dass jemand überhaupt nicht offen für ein Gespräch war. Das ist für »Personaler« weltweit nichts Ungewöhnliches, doch in Kirche gibt es eine Besonderheit, die einzigartig ist, leider. Diese Besonderheit ist systemimmanent, denn die römisch-katholische Kirche ist eine Kirche, bei der zwischen Glaube und Sakramenten eine klare Wechselwirkung und gegenseitige Verwiesenheit besteht. Diese Kirche braucht Sakramente und diese werden hauptsächlich durch Priester gespendet. Da man gleichzeitig aber die Zugangsmöglichkeiten zum Priesteramt für Frauen und Verheiratete verunmöglicht hat, entsteht ein unguter Personalengpass. Ich glaube ohnehin schon lange nicht mehr, dass dieser Engpass nur an mangelnden Berufungen liegt. Jedenfalls wird er von einigen wenigen Priestern regelrecht missbraucht. Das ist de facto eine Macht, die meine Macht als Generalvikar übersteigt. Solche Priester haben oft das Gefühl, unantastbar zu sein, und sie meinen, sie könnten sich alles erlauben. Das ist kein Speyerer Phänomen, sondern davon erzählten mir auch Generalvikar-Kollegen aus vielen anderen Diözesen. Aus diesem Grund wird bundesweit auch an einer Disziplinarordnung für Kleriker gerarbeitet. Das mag bis zu einem gewissen Grad helfen, aber ich habe große Zweifel, dass so das Problem im Letzten wirklich gelöst wird. Der einzige Weg wäre, die Berufungen so vieler Frauen und Männer ernst zu nehmen und dadurch den Priestermangel zu beseitigen. Denn ohne Personalengpass wäre es viel leichter, Priester wie ganz normale Mitarbeitende zu behandeln – fair, aber ohne Sonderstatus oder klerikalen Welpenschutz. Dadurch würden beide Seiten gewinnen, denn auch für den Priester selbst kann dieser Sonderstatus ungesund sein, weil auch hier die Macht mit Versuchung einhergeht.

Ich betone gerne noch einmal, dass es lediglich ein kleiner Teil der Priesterschaft ist, der den Engpass auf diese Weise ausnutzt. Doch dieser kleine Teil reicht aus, um den Personalabteilungen in den Bistümern oder uns Generalvikaren viel Ärger zu bereiten und für Unmut oder sogar Verletzungen zu sorgen. Ich bin mir dessen bewusst, dass ich oft nur die Spitze des Eisbergs von dem mitbekommen habe, was Menschen in Pfarreien und auch Mitarbeitende bei mir im Haus durch solche Priester erleben mussten. Diese Macht/Machtlosigkeit mag vielen nicht klar sein, ist aber ein wichtiger Punkt, weshalb ich in meinem Amt erkennen musste, wie schwer Reformen durchzusetzen sind. Ich kann mir vorstellen, dass sich das wie eine Ausrede anhören mag. Doch es ist eine Realität. Eine, die Kirche in ihren verkrusteten Strukturen hält.

Kraftquelle oder liturgischer Klerikalismus: Wie feiern wir eigentlich?

Ich habe auf den vorangegangenen Seiten versucht, das Klischee der unbegrenzten Macht des Bischofs oder Generalvikars etwas zu differenzieren. Nicht, um mich zu rechtfertigen, sondern im Gegenteil, um zu zeigen, wie bizarr und paradox das Verhältnis von ungesunder Machtfülle und frustrierender Machtlosigkeit ist.

Zur Macht des Priesters gehört in einem ganz wesentlichen Sinne, die Sakramente zu spenden und die heilige Messe zu feiern. Hier zeigt sich, dass wahre Macht immer wahren Dienst bedeuten muss. Ich selbst bin gerne Priester und die Feier der Werktagsgottesdienste war für mich eine Kraftquelle für meinen Alltag. Darüber hinaus freue ich mich die ganze Woche darauf, sonntags mit Menschen im Dom oder in Pfarreien im Bistum Eucharistie zu feiern. Und natürlich fehlen mir als Seelsorger die Spendung von Sakramenten oder auch Beerdigungen, das war in meinem neuen Amt nicht mehr möglich. Dass ich gerade Beerdigungen so betone, mag seltsam klingen, aber ich habe Menschen gerne in schweren Stunden als Priester begleitet und empfand Beerdigungen als anstrengend, aber eben auch als hoch sinnvoll. Als echten Dienst.

Ich feiere gerne Gottesdienst und gleichzeitig merke ich, dass ich an immer mehr Punkten anecke und mich mit immer mehr Inhalten schwertue. Mein Fehler? Schuld und Sünde kommen mir so unglaublich dominant vor in unseren Gottesdiensten. Ja, der Mensch ist Sünder und auf Gottes Erlösung und göttliche Zuwendung, auf Liebe und Gnade angewiesen. Aber wir können doch dabei nicht stehen bleiben, damit geben wir ja Friedrich Nietzsche und so vielen anderen recht, die sagen, dass wir Christen so freudlos und damit irgendwie auch unerlöst erscheinen. Sie und ich sind doch erlöst und in unserer Taufe als geliebte Tochter oder geliebter Sohn angenommen. Warum wird diese überschäumende Freude darüber nicht vielmehr spürbar und greifbar – auch und gerade in den liturgischen Feiern?

Viele Menschen leben heute in sehr aufreibenden Zusammenhängen. Familie und Beruf unter einen Hut zu bringen ist sicher alles andere als einfach. Im Beruf wird immer mehr und immer schneller gefordert, aber auch Partnerschaft und Familie werden mit immer mehr Erwartungen überfrachtet. Sollte da die Feier des Gottesdienstes nicht erst einmal heilsame Unterbrechung sein: Auszeit? Eine Zeit für mich vor meinem Gott. Nicht alleine, sondern mit Schwestern und Brüdern gemeinsam auf dem Weg. Als eine Gemeinschaft, die im Hören auf Gottes Wort, im Singen und Beten, im Feiern seiner Gegenwart ihr Leben neu deutet und somit Kraft und Zuversicht schöpfen kann. Ja, auch ein Ort, an dem Schuld und Versagen in Gottes Hände gelegt werden darf – an dem Versöhnung geschieht.

Aber dieser letzte Aspekt ist so stark und wirkmächtig, dass er sich wie ein roter Faden durch alles hindurchzieht: Du bist ein Sünder und du sollst deine Fehler und Sünden jetzt erst einmal bekennen.

Im Messbuch finden wir das schwarz auf weiß: In der deutschen Fassung des römischen Messbuchs haben wir drei Varianten des Schuldbekenntnisses. Die Form C ist sicher eine pastorale Version, die etwas weniger stark den Sündercharakter betont, doch spätestens bei der Vergebungsbitte und oft auch in den Tagesgebeten werden wir an unser sündhaftes Wesen erinnert. Manche Priester verwenden in der Eucharistiefeier daher eigene Gebete oder ändern Gebete mehr oder weniger stark ab. Gerade in meiner Zeit im Bischöflichen Jugendamt, bei der KjG und dem BDKJ, habe ich das ebenfalls getan. Als Generalvikar jedoch war es mir ein Anliegen, eben nicht mehr nur »mein Ding« zu machen, sondern mich einzureihen in die Gebete der ganzen Kirche. Ich muss gestehen: Das ist mir zunehmend schwerer gefallen. Viele Gebete sind so weit weg von der Lebenswirklichkeit der Menschen. Verstehen Sie mich bitte nicht falsch: Mir geht es nicht darum, dass wir Alltagssprache und Banalitäten in die Liturgie bringen. Die Sprache, die wir in unseren Gottesdiensten verwenden, soll in den biblischen Bildern ihren Ursprung haben und das Handeln Jesu für Heilung und Gerechtigkeit gerade auch im Hinblick auf die Ausgegrenzten und Notleidenden soll und muss zur Sprache kommen. Doch die Liturgiesprache muss bei aller Wertschätzung für die Tradition stets aktualisiert und mit der Lebenswirklichkeit der Menschen in Einklang gebracht werden. Es heißt nicht umsonst »Liturgiesprache«: Auch Sprache verändert sich stetig durch den Gebrauch, und wenn man irgendwann sprachliche Zusammenhänge nicht mehr versteht, so haben sie auch keine Existenzberechtigung mehr. Eine Privatsprache, so könnte man mit Ludwig Wittgenstein analog sagen, ist eben keine Sprache mehr. Das gilt auch für die Liturgie.

Dokumente, wie vor allem *Liturgiam authenticam* von 2001, waren in diesem Zusammenhang absolut kontraproduktiv und haben viel kaputt gemacht, denn die darin verordnete Notwendigkeit, dass sich alle liturgischen Texte nahezu wortwörtlich an dem lateinischen Original orientieren müssen, führte in den jeweiligen Volkssprachen der Messbücher zu unmöglichen und oft schwer verständlichen Texten. Besonders eklatant zeigt sich dies in der Wirkungsgeschichte des neuen englischsprachigen Messbuchs »Roman Missale« vom 1. Advent 2011. So lautete die Übersetzung des Eröffnungsdialogs früher: »Priest: The Lord be with you. People: And also with you.« Und wurde nun verändert in: »Priest: The Lord be with you. People: And with your spirit.« Man mag dies nicht für sonderlich gravierend halten und ich traue den englischsprachigen Gemeinden auch zu, dass sie sich schnell an diese kleine Neuerung gewöhnen. Doch es geht um etwas viel Weitreichenderes: Im Nachgang zum II. Vaticanum entstand die ursprüngliche Formulierung im ökumenischen Dialog und wurde im Nachgang der Veröffentlichung des Sanctuarys von 1973 auch in den jeweils neuen liturgischen Büchern der Anglikaner, Methodisten und Lutheraner verwendet. Wenn katholische Kirche jetzt den Eröffnungsdialog einseitig ändert, dann ist dies auch im ökumenischen Dialog ein ziemlicher Affront und bringt uns im christlichen Miteinander weiter voneinander weg.

Rom kann so etwas nicht im Blick haben, doch gerade unter den Päpsten Johannes Paul II. und Benedikt XVI. kam es aus meiner Sicht zu einer liturgischen Engführung und dem Wunsch, alles von Rom aus zu steuern. Dadurch wurde den Teilkirchen immer weniger Autonomie und Selbstständigkeit zugestanden. Ich bin deshalb so dankbar dafür, dass das Messbuch, das im deutschsprachigen Raum schon zur Jahrhundertwende angekündigt war, sich immer weiter nach hinten verschoben hat.

Die Lebensunwirklichkeit unserer Liturgie drückt sich übrigens oft sehr »schön« in Liedzeilen aus. Die Reform des Gotteslobs hat zwar manches verbessert, aber es finden sich immer noch jede Menge Lieder, deren Bilder und Metaphern eine seltsame Theologie und ein komisches Menschenbild transportieren. In etlichen Diözesen, so auch bei uns in Speyer, hat es das Lied Maria Maienkönigin erneut in die Anhänge geschafft. Dieses Lied ist in vielen Gemeinden beliebt, ich habe es auch gerne gesungen. Lese ich die Liedtexte genauer durch, stutze ich: Was drücken wir eigentlich aus, wenn in der zweiten Strophe von den »lilienweißen Frauen« gesungen wird, die von der »Königin beschützt« werden sollen? Geht es da um Reinheit und Keuschheit, für die die weiße Lilie steht, und bedürfen diese Reinen des besonderen Schutz Mariens? Ja, das Lied ist schön. Doch wir transportieren damit Vorstellungen und Bilder – und mit solchen Liedtexten ändert man keine Vorstellungen, sondern zementiert den Status quo oder begibt sich sogar auf den Rückzug.

Dabei schwingt ähnlich wie bei *Liturgiam authenticam* der Wunsch mit, möglichst nahe an der Originalübersetzung oder dem ursprünglichen Text zu sein. Doch Liturgie ist lebendige Feier der Gegenwart Gottes und nicht museales Ereignis. Mir geht es gar nicht darum, dass wir uns alle bei Gitarrenmusik um ein imaginäres Lagerfeuer versammeln und »Ins Wasser fällt ein Stein …« oder »Gottes Liebe ist so wunderbar …« trällern. Auch bei den neuen geistlichen Liedern gibt es eine Zeitgebundenheit und einen entsprechenden Kontext und auch diese Lieder müssen ihre Theologie anfragen lassen. Ich würde mir einfach nur wünschen, dass wir bei unseren

Feiern mutig Altes und Neues miteinander verbinden, damit sich auch in den Liedern junge und alte Menschen, Frauen und Männer gleichermaßen wiederfinden und mit ihrem Gesang und der Musik ihrem Beten eine neue Dimension verleihen. Das bedeutet natürlich auch eine größere Offenheit für unterschiedliche Musikrichtungen und möglicherweise auch Instrumente.

Das Thema der Feier ist aber viel grundsätzlicher: Auch die Art, wie unsere Kirchen gestaltet sind, spielt eine wichtige Rolle. Ich kam häufig in liturgische Räume, in denen ein Gegenüber zwischen Priester und Gemeinde inszeniert wurde. Ich fühlte mich dort immer unwohl. Ausgegrenzt, und zwar als Priester! Dabei fällt mir zuerst unser Karmel-Kloster in Speyer ein, wo ich eine Zeit lang mit den Schwestern werktags die Messe feierte. Die Schwestern sitzen hinter einem Gitter und feiern so den Gottesdienst mit. Aber feiern wir dann wirklich gemeinsam? Nun mag das in diesem speziellen Fall kompliziert sein. Doch ich denke auch an andere Kirchen, die beispielsweise noch eine Kommunionbank oder gar einen Lettner haben. Oder thronähnliche Priestersitze, die den Priester so überhöhen, dass es auch für ihn fast unmöglich ist, sich als Teil der feiernden Gemeinschaft zu fühlen. Wird das noch durch bestimmte Gewänder unterstrichen, so verkommt die Messe zur klerikalen Selbstinszenierung – oder auch Bestätigung von der anderen Seite.

Ich hätte das vor geraumer Zeit selbst nicht so deutlich ausdrücken können. Erst im vergangenen Jahr hat mir eine pastorale Mitarbeiterin dafür die Augen geöffnet. Anlass war eine

Gottesdiensttradition, bei der wir seit etlichen Jahren Ehe-
jubilare zur Messe in den Dom einladen. Die Paare kommen
gerne zu dieser festlichen Feier. Zum Abschluss des Gottesdienstes haben alle die Möglichkeit, noch einen Einzelsegen
für 25, 40, 50 oder noch mehr Jahre zu erhalten. Danach
wird mit einem Glas Sekt vor dem Dom angestoßen und
die Paare tanzen den Hochzeitswalzer auf dem Domplatz.
Im letzten Jahr hatten wir hier eine Neuerung beschlossen.
Die Paare sollten den Einzelsegen nicht nur durch Diakone
und Priester erhalten können, sondern auch durch pastorale
Mitarbeitende. Ich war froh, dass der Bischof diese Idee mittrug, und so freute ich mich, als wir gemeinsam zu diesem
Pontifikalamt einzogen. Der Gottesdienst lief ganz normal ab
und es war trotz diverser Corona-Auflagen ein schöner und
feierlicher Gottesdienst. Wir Priester konzelebrierten und am
Ende strömten wir alle gemeinsam in die verschiedenen Win-
kel unserer großartigen romanischen Kathedrale. Erst ein paar
Tage später schilderte mir dann die Mitarbeiterin, wie sich
das, was aus meiner Sicht so gelungen war, für sie anfühlt: Alle
ziehen gemeinsam ein, doch ab der Präfation ist nichts mehr
gemeinsam. Die Männer treten zum Bischof hin und konzelebrieren. Die anderen bleiben außen vor.

So hatte ich das noch nie gesehen. Ich fühlte mich direkt an-
gegriffen und fing an, diesen Ablauf zu verteidigen. Ich sprach
davon, dass es doch ein wichtiges Zeichen unserer priester-
lichen Gemeinschaft sei, zusammen mit dem Bischof hier am
Altar zu stehen und gemeinsam Eucharistie zu feiern. Und dann
die große Errungenschaft des Zweiten Vatikanischen Konzils
und der dort eröffneten Möglichkeit zur Konzelebration. Das

dürfe man doch nicht vergessen! Nur um all das ging es ihr gar nicht. Es ging ihr darum, dass wir gefeiert hatten, aber letztlich doch nicht gemeinsam. Keine Liturgie für alle, sondern eine Priesterliturgie. Priester haben hier ihren Platz, Diakone auch, wenn auch in der zweiten Reihe, aber alle anderen werden zum Gegenüber. In der Liturgiekonstitution des II. Vaticanums klingt das eigentlich anders: »Die Mutter Kirche wünscht sehr, alle Gläubigen möchten zu der vollen, bewussten und tätigen Teilnahme an den liturgischen Feiern geführt werden, wie sie das Wesen der Liturgie selbst verlangt und zu der das christliche Volk, das auserwählte Geschlecht, das königliche Priestertum, der heilige Stamm, das Eigentumsvolk (1 Petr 2,9; vgl. 2,4–5) kraft der Taufe berechtigt und verpflichtet ist.«

So sehr ich mich und die Kirche damals verteidigte, so sehr habe ich jetzt verinnerlicht, wie unsere Konzelebrationen auf andere wirken. Ich frage mich: Ist Konzelebration in einer Kirche, die gleichzeitig so viele vom Zelebrieren ausschließt, überhaupt angemessen oder wird dadurch nicht Liturgie theologisch und ästhetisch pervertiert? Ich habe hier keine abschließende Antwort; doch ich spüre, dass ich sehr zurückhaltend geworden bin, wenn es ums Konzelebrieren geht. Das ist neu für mich, denn ich weiß noch gut, dass ich vor einigen Jahren mit einem befreundeten Dekan heftig diskutiert habe, weil er dagegen war, Priestereinführungen auf den Nachmittag zu legen. Es bräuchte nicht diese großen Konzelebrationen von vielen weiteren Priestern, sondern es sei ein Fest der Pfarrei zusammen mit den pastoralen Mitarbeitenden. Ich habe damals nicht verstanden, was er wollte. Ich fand es schön, dass so viele

Menschen kommen. Auch bei meiner eigenen Einführung als Pfarrer waren viele Priester da und hatten konzelebriert.

Vielleicht muss ich auch hier neu denken: Konzelebration mag ihren Platz haben, wenn Priester um den Bischof herum versammelt sind und so den Gedanken des Presbyteriums sichtbar werden lassen. Davon abgesehen, ist es ein schmaler Grat zwischen feierlichem Gottesdienst und überzogenem Klerikalismus – zumindest wenn man so viele von der Weihe ausschließt. Vielleicht sollte man daher auf Konzelebration so lange ganz verzichten, bis diese Kirche niemanden wegen seines Geschlechts, seiner sexuellen Orientierung oder seines Ehestandes ausschließt.

Vielleicht ist das radikal. Doch was jene Pastoralreferentin mir schilderte, haben viele Frauen und Männer in ähnlichen Situationen erlebt. Man muss deshalb nach neuen Formen suchen, wie man in Pontifikalliturgien andere pastorale Mitarbeitende in die Feier so einbindet, dass sie sich nicht ausgegrenzt fühlen – wir haben genügend fähige und kreative Liturgiewissenschaftler für gute Ideen und hilfreiche Ansätze.

Der Ton wird rauer:
Wie reden wir eigentlich miteinander?

Wenn ich hin und wieder in alten Personalakten lese, wirkt die Sprache – oft von Pfarrern oder Behördenvertretern – häufig gestelzt und unterwürfig, befremdlich auf mich. Skurril wirken manche Briefwechsel zwischen einem Pfarrer und dem

Generalvikar aus den Siebziger- oder frühen Achtzigerjahren. Der Pfarrer beantragt zum Beispiel Erholungsurlaub, gibt aber nicht an, wo dieser stattfinden soll. Der Antrag geht mit dem Hinweis auf Ergänzung zurück und der Pfarrer schickt den Antrag erneut. Beide haben aber scheinbar übersehen, dass kein Administrator benannt wurde. Der Antrag wird erneut zurückgewiesen und im dritten Anlauf stellt der Pfarrer den Antrag korrekt und der Generalvikar genehmigt ihn schließlich. Wir reden hier nicht über Mails, sondern über Briefe, die mit der Schreibmaschine getippt wurden und postalisch hin- und hergingen. Abgesehen vom Zeitaufwand: Das war Erziehung auf dem Verwaltungsweg. Unmöglich. Und ein Abbild dessen, was Kirche an die Wand fahren lässt: Der Anspruch, Menschen im Privaten zu kontrollieren und zu erziehen. Was hier bei den Pfarrern in der Verwaltung stattfand, setzte sich in der Pastoral fort.

Heute ist diese Unterwürfigkeit seltener. In manchen Fällen sind wir eher mit dem Problem der faktischen Machtlosigkeit aufgrund des Priestermangels, die ich vorher beschrieben habe, konfrontiert. Prinzipiell aber bin ich sehr froh, dass sich diese Haltung geändert hat. Buckeln kann nie eine gerade Haltung erzeugen. Und normale Kritik muss sein. Verwaltung und Handelnde in der Verwaltung müssen angefragt und Vorgänge kritisch begleitet werden, egal ob von Priestern, Hauptamtlichen oder Ehrenamtlichen und allen anderen Gläubigen. Ganz ehrlich: Das kann auch einmal nerven, weil die Beantwortung dieser Anfragen viel Zeit kostet, aber das muss sein. Transparenz ist überfällig und unser Job. Auch bei theologischen Themen müssen Nachfragen gestellt werden dürfen, kann man

unterschiedlicher Meinung sein. Gerade nach meinen Äußerungen zur Segnung queerer Partnerschaften haben sich einige
Menschen sehr differenziert und durchaus kritisch bei mir gemeldet. Ich halte solche Kritiker in hohem Maß für wichtig,
selbst wenn ich ihre Ansichten und ihr Welt- und Kirchenbild
nicht teile. Das klingt nach Floskel, ist aber meine tiefste Überzeugung: Nur durch den gemeinsamen Diskurs kommen wir
weiter. Wenn wir alle nur in unseren eigenen Blasen bleiben,
ist echte Weiterentwicklung von Theologie nicht möglich. Insofern braucht es diesen Austausch. Allerdings glaube ich, dass
dieser Austausch noch öfter in Gesprächsrunden stattfinden
müsste und nicht nur in langen E-Mails oder Briefen.

Diese langen Briefe und E-Mails sind mehr geworden und
ihr Ton hat sich teilweise verändert. Wenn der Ton die Musik
macht, dann ist die Melodie der Kirche inzwischen ziemlich
dissonant. Wir erleben eine Inflation der Beschwerdemails,
Protestnoten und Hinweisschreiben. Manchmal berechtigt,
weil die Kirche auch so viele Probleme hat. Manchmal geht
es um sehr pointierte Themen wie Sedisvakantismus oder
die Frage nach der Mundkommunion. Andere prangern, zu
Recht, die Gräueltaten von Missbrauch im Raum der Kirche
an. Gerade in den sozialen Netzwerken sind das oft Hilfe-
schreie voller Wut, die bisweilen auch zu weit gehen, aber
aufgrund des erlittenen Leides verständlich sind. Ich würde
mir natürlich wünschen, dass bestimmte Grenzen dabei nicht
überschritten würden. Doch ich verstehe emotional auch, dass
man kein Blatt mehr vor den Mund nehmen will, weil man zu
oft erlebt hat, dass Kirche Augen und Ohren verschließt, weg-
sieht und weghört. Auch Menschen, die Ausgrenzung erlebt

haben, äußern ihren Protest – zum Glück brauchen sie keine Angst mehr zu haben und deshalb unterwürfig zu schweigen. Das haben sie lange genug gemusst.

Auf der anderen Seite erlebe ich viele Menschen, die alles verteidigen, was Kirche sagt und tut. Ich erkenne mich in ihnen zu einem guten Stück wieder, leider. Ich weiß noch, wie ich mit 16 oder 17 Jahren am Ringen mit mir selbst war, ob ich Priester werden sollte. In dieser Phase hatte ich das Gefühl, dass alles zu verteidigen sei, und die, die nur die leiseste Kritik übten oder Nachfragen stellten, wurden von mir gleich zurechtgewiesen. Auf jede Frage wusste der Katechismus schließlich eine Antwort und so war etwas entweder richtig oder falsch – dazwischen gab es nichts. Ich diskutierte heftig in jenen Jahren mit meinen Eltern, die ja ebenfalls praktizierende Katholiken waren, doch ich war nicht in der Lage, mich einer ehrlichen Diskussion zu stellen. Daran muss ich heute manchmal denken, wenn bei jedem kleinen Versuch, eine Änderung herbeizuführen, gleich der große Verrat am Erbe der Tradition ge(t)wittert wird. Wie schnell wird einem das »Katholisch-Sein« abgesprochen! Wie schnell wird ein sinnvolles Anliegen lächerlich gemacht! Man springt ständig von der Sach- auf die polemische Ebene. Nur was erreicht man dadurch? Ist man am Ende dadurch nicht ziemlich alleine? Bleibt dann nur noch ein kleiner Rest – eine Kirche der Auserwählten? So eine Kirche der Auserwählten hat in meinen Augen das Prädikat »katholisch – allumfassend« verwirkt.

Die Kirche der Auserwählten wird auch zunehmend aus einer anderen Richtung propagiert. Immer mehr Verschwörungs-

theoretiker melden sich, die einen archaischen Erlösungsglauben besitzen und diesen mit der christlichen Religion verwechseln. Sie sehen einen apokalyptischen Kampf zwischen
Gut und Böse und sie, die Rechtschaffenen, werden daraus
als Sieger hervorgehen. Am Ende wird es wieder eine heile
Welt geben – die meist eine absolut verklärte Vergangenheit
zum Kern hat. Wir als Adressaten sind dagegen die Verlierer,
zumindest dann, wenn wir uns nicht noch rechtzeitig auf die
richtige Seite, also ihre, schlagen. Tun wir das nicht, werden
die Hinweise und Proteste schnell zu Beschimpfungen und
Schmähungen. Das entzweit uns Schwestern und Brüder im
Glauben, grenzt die ach so Rechtgläubigen von den armen,
verirrten Schafen ab.

Manche tun das offen, die meisten aber anonym und per Post.
Es wird gedroht, verunglimpft, Halbwahrheiten und Unwissen miteinander vermischt. Auch Aussehen und Äußerlichkeiten werden kommentiert und in einer herabwürdigenden
Weise in den Dreck gezogen. Auch beliebt: Es wird gedroht,
den Nuntius, die Glaubenskongregation oder direkt den Papst
einzuschalten. Manchen sind aber selbst jene Instanzen zu
unsicher und man droht gleich mit dem Verlust der ewigen
Erlösung und spielt sich zum endzeitlichen Richter auf, der
einen dann direkt in die Hölle verdammt. Eines haben all jene
gemeinsam: Sie halten sich für »gute« Katholiken.

Mich hat all das zwar nicht so sehr aufgewühlt, weil ich davon
nicht ausgehe, dass irgendein verblendeter Schreiberling über
meine Erlösung zu richten hat, sondern Christus der Herr.
Doch es belastet mich zu wissen, dass diese Menschen in

unseren Pfarreien beheimatet sind. Es sind nicht viele, doch sie sind da und ihre geistigen Ergüsse können andere anstecken und das Klima weiter vergiften. Gibt es das in anderen Schichten und Gruppen der Gesellschaft auch? Mit Sicherheit. Nur glauben wir Christen an einen Gott der Nächstenliebe und Barmherzigkeit, bekennen einen Christus, der Wahrheit und Weg war. Wie kann man dann Menschen auf diese Art denunzieren, verurteilen und verletzen? Haben wir nicht das Motto: »Bei Euch soll es anders sein …«? Ich dachte immer, dass wir Christen eine bessere Form hätten, Kritik anzubringen. Kritik, die den anderen auch in seiner Andersartigkeit und seiner gegensätzlichen Position gelten lässt. Weit gefehlt! Ich weiß zwar nicht, ob es bei »anderen« schlimmer zugeht, doch das ändert auch nichts an uns. Auf uns müssen wir schauen! Tun wir das? Ich weiß nicht. Und habe ich den Eindruck, dass von offizieller Seite aus genug dagegen getan wird? Nein, das habe ich nicht. Ich habe viel eher erlebt und auch von Mitbrüdern aus anderen Diözesen und Ländern gehört, dass sowohl die Glaubenskongregation als auch Nuntiaturen auf solche Schmähschreiben hin aktiv werden. Das befeuert doch alles nur noch weiter. Hier müsste klar und deutlich Kante gezeigt werden, indem man in solch einem Schmähkritikfall den Kritiker ermahnt und nicht den Kritisierten.

Es bleibt nicht nur bei verletzender Kritik. Ich habe zum Beispiel Erpressungsversuche erlebt. Wenn ich diese Versetzung nicht rückgängig machen oder diese Meinung nicht öffentlich relativieren würde, dann würde … Dann würde gar nichts. Ich bin nicht erpressbar und habe das mit unserer Rechtsabteilung in solchen Fällen direkt besprochen und offengelegt. Natürlich sind diese Drohungen strafrechtlich relevant, aber aufgrund der Anonymität dieser Schreiben gab es kaum eine Möglichkeit, aktiv zu werden. Viel entscheidender als die Frage, ob man so eine Person rechtlich belangen kann, finde ich indes ohnehin die Frage, was solch einen Menschen geistlich beschäftigt. Jesus spricht in Mt 5,23 davon, dass man seine Gabe vor dem Altar liegen lassen solle, um sich erst mit seinem Bruder zu versöhnen. Analog müsste doch ein Mensch, der mit Erpressung eine Existenz vernichten will, sich ebenfalls versöhnen, bevor er wieder zum Altar geht? Das treibt mich deshalb an dieser Stelle um, weil wir auch hier eine Diskrepanz zwischen behaupteter Rechtgläubigkeit und Gewissen, zwischen Reden und Handeln erleben. Das finde ich immer schlimm. Aber nicht zuletzt die Bigotterie unserer Kirche, und dazu gehören alle Gläubigen, hat den Karren vor die Wand fahren lassen. Kirche, die Anspruch hat, kann so nicht auftreten – und das tut sie in jedem einzelnen von uns. Und noch ein Aspekt ist wichtig: Obwohl solche Drohungen und Einschüchterungsversuche haltlos sind – das macht etwas mit dir. Der Druck wächst und unter diesem Druck Entscheidungen zu treffen, unbequeme vielleicht, das ist schwer. Ich will nicht jammern. Doch es ist wichtig zu verstehen, was auf Entscheidungsträger in Kirche einprasselt. Der Eindruck, wir seien inzwischen ein einziger großer Haufen von Getriebenen, der hat auch damit zu tun. Wer das ausblendet und pauschal nur auf die angebliche Inkompetenz oder Mutlosigkeit hinweist, der verhindert gerade selbst Veränderungen.

In diesem Kontext habe ich ein Phänomen erlebt, das ich vorher schon angerissen habe, und dessen Vertreter eher beim heiligen Rest zu verorten wären, aber eben nicht so einfach und ganz klar. Gemeinsam ist ihnen, dass sie Kritik an Kirche kritisieren und oft die Augen verschließen und sich in den guten und schönen Katholizismus ihrer Kindheit zurückversetzen möchten – ohne zu hinterfragen, wie gut und schön der wirklich war. Oft, und das macht es so schwierig, sind das sehr engagierte Menschen, solche, denen Kirche wirklich am Herzen liegt. Ihre Reaktionen sind unterschiedlich, gerade beim Thema »Missbrauch«. Es kam nicht nur einmal vor, dass ein Gottesdienstteilnehmer oder auch ein Pärchen während einer Predigt, in der ich über Missbrauch sprach, aufstand und die Kirche verließ. Manchmal erhielt ich danach Zuschriften, dass er oder sie es nicht mehr ertrügen, dass »schon wieder« über Missbrauch in der Kirche gepredigt würde. Irgendwann müsse es »doch auch mal gut sein«. Andere blieben sitzen, sprachen mich aber nach dem Gottesdienst an, freundlich und jovial zumeist, dass dieses Thema doch nun ausgiebig bearbeitet worden sei und wir in Speyer genug getan hätten. Oder sie waren weniger freundlich und erklärten mir, viele »Missbrauchsopfer« seien »eh nur Trittbrettfahrer« und Menschen wie ich würden ihnen ermöglichen, sich auf Kosten der Kirche zu profilieren oder gar zu bereichern.

Solche Einstellungen zur Missbrauchsthematik gehörten nicht selten zu Vertretern dieses Phänomens, aber nicht zwangsläufig. Genauso wie nicht immer, aber durchaus immer wieder eine andere Einstellung auftrat, die es so schwer macht, den Karren zu bremsen oder gar zu wenden: der Klerikalismus von unten. Klerikalismus hat natürlich erst einmal und vor allem mit Machtmissbrauch zu tun und ist eine Haltung des Klerus. Buckeln nach oben, treten nach unten. Doch eben

nicht nur. Ich weiß noch gut, als ich mit Eintritt ins Priesterseminar 1994 zum ersten Mal Priesterweihen in Mainz und
Speyer erlebte. Bei diesem Anlass hatten damals die wenigsten
Priester Collarhemden an, sondern man sah unzählige mehr
oder weniger geschmackvolle Krawatten. Dies hat sich in den
letzten 20 Jahren vollkommen verkehrt und heute ist man
als Krawattenträger der Exot. Grundsätzlich könnte man
diese Kleiderentwicklung einfach so stehen lassen, aber seit
ich Generalvikar bin, gab und gibt es immer wieder einzelne
Gläubige, die mit großer Vehemenz sich dafür einsetzen, dass
ich immer ein Collarhemd zu tragen hätte. Anfänglich tat ich
das als vorläufig ab, doch der Elan blieb. Man wollte mir vor-
schreiben, wie ich mich zu kleiden hätte. Ich entschied als
Generalvikar über Millionenbeträge und Personaleinstellun-
gen und sollte nicht in der Lage sein, meine Garderobe selbst
zu bestimmen? Das mag eine harmlose Form sein, doch das
ist eine Form von Klerikalismus, der Klerikalismus durch und
von Laien – ich habe zu diesem Begriff schon alles gesagt und
nutze ihn, weil er in dieser Konstellation tatsächlich so emp-
funden wird, ja eingefordert wird.

Manche fördern durch ihr Verhalten den Klerikalismus der
Kleriker, vielleicht ermöglichen sie ihn sogar erst. Dies geschieht oft ganz subtil, indem auf den Kleriker alle Vorstellungen, Wünsche und Erwartungen projiziert werden. Ich
selbst habe das während meiner ersten Kaplanszeit erlebt. Eine
ältere Dame kam wieder und wieder zu mir, um mir die Welt
zu erklären. Ihre Welt – und ihre Kirche. Sie hatte eine glas-
klare Vorstellung davon, wie ein Priester zu sein hatte. Der da-
malige Pfarrer wurde als »der linke 68er« abgetan, weil er nur

eine Mantelalbe trug. Ich dagegen wurde für die schönen Messgewänder, die ich brav anzog, gelobt. Weil ich die Liturgie so
würdig feierte. Das schmeichelte dem Ego und tat bis zu einem
gewissen Grad auch gut. Und solange ich dieses Spiel mit-
spielte, wurde ich gelobt und mit kleinen Geschenken bedacht.
Widersprach ich oder versuchte gar auszubrechen, wurde ich
mit Nichtbeachtung bestraft und ich erfuhr von anderen, welche boshaften Kommentare sie über mich abgab. Sich in solch
einer Situation freizuschwimmen oder sich am besten erst gar
nicht in solche emotionalen Abhängigkeiten zu begeben, das
ist nicht so leicht. Denn es geht nicht nur um eigene Eitelkeit,
sondern den pastoralen Auftrag. Ich kenne genügend Priester,
die so einiges wegschlucken, weil sie keine Gläubigen verprellen
wollen. Denn auch die werden weniger. Und so sehe ich im
Klerikalismus der Laien auch eine Gefahr, weil er ein kompli-
ziertes Abhängigkeitsverhältnis schafft, das Veränderungen und
Reformen erschweren oder verunmöglichen kann.

Dieser Laienklerikalismus wird nämlich durch ein Amts-
verständnis geprägt und gefördert, das nicht biblisch daher-
kommt, sondern meist eher archaisch-magisch wirkt. Ein Verständnis, das das Amt in der Kirche so sehr spirituell überhöht
und somit eine Sakralisierung des Amtes bewirkt, sodass der
Priester zu einer religiösen Mittlerschaft überhöht wird, die
weder theologisch gedeckt noch menschlich möglich ist. Diese
Mittlerschaft findet auch Eingang in manche Lieder. So gibt
es im Speyerer Anhang des Gotteslobes das Lied »Nimm an,
o Gott in Gnaden«, melodisch eingängig und gern gesungen.
Gleich in der ersten Strophe singt die ganze Gemeinde: »Für
uns, die schuldbeladen, bringt sie (die Gaben) dein Priester

dar.« Was für ein toller Typ dieser Priester – Gott sei Dank haben wir ihn.

Die Balance zu halten, nicht in Priester- oder Laienklerikalismus zu verfallen, ist nicht so einfach. Ich sage das hier, weil mir viel zu oft viel zu einseitig darüber gesprochen wird. Der Kleriker muss so sein, das ist seine Pflicht, stellen die einen fest. Klerikalismus geht gar nicht und erwachsene Männer müssen doch in der Lage sein, damit vernünftig umzugehen, fordern die anderen. Doch so simpel ist das nicht. Viele Menschen in der Kirche kennen die unterschiedlichen Hintergründe nicht. Wenn sie aber nicht verstehen, welche Zusammenhänge hinter Klerikalismus stecken, werden sie keine Notwendigkeit sehen, etwas zu ändern. Dann wird Kirche nicht davon loskommen. Und kommt sie davon nicht los, wird das ein Hauptgrund für den harten Aufprall sein.

Ortspfarrei-Idyll vs. Weltkirche: Die Gefahr der äußeren und inneren Spaltung

Es sind viele Gründe, weshalb Kirche vor oder schon an die Wand gefahren ist. Ob ich übertreibe? Schließlich ist Kirche mehr als nur deutsche Kirche und in der Weltkirche stellt sich doch die Situation an vielen Orten »ganz anders« dar? Und selbst in Deutschland: Menschen leben vor Ort und gestalten vor Ort Kirche. Ich kenne solche Orte als offene und einladende Gemeinschaft, die nicht ausgrenzt und die auch nicht starr und weltfremd erlebt wird, sondern die nah an den Menschen und ihren Freuden und Sorgen dran ist. Mir fallen etliche Pfarreien ein, die solche Orte sind. Ein schwuler Freund, der in genau solch einer Pfarrei als Kind, Jugendlicher und später junger Erwachsener sich als Ministrant, Lektor und Pfarrgemeinderat eingebracht hat, hat dies genau so erlebt. Er war auch in seinem Queersein voll akzeptiert und gehörte selbstverständlich zur Gemeinschaft. Ich gestehe: Wäre ich nicht Generalvikar geworden und Pfarrer geblieben, ich hätte mich vielleicht auch in solch ein Ortspfarrei-Idyll zurückgezogen und ich kann mir gut vorstellen, ich wäre dann weiter dabei. Nur hilft das nicht weiter. Im Gegenteil, das führt zur inneren und äußeren Spaltung.

Der Freund, von dem ich eben erzählt habe, hat dieses Moment der Spaltung so erlebt: Anfang des neuen Jahrtausends kämpfte Rom mit großem Eifer gegen Gesetzesentwürfe in etlichen Staaten zur Gleichstellung homosexueller Partnerschaften mit der Ehe. 2003 veröffentlichte die Glaubenskongregation dazu eine Stellungnahme, die für ihn das Fass zum Überlaufen brachte. Er wollte sich nicht mehr in einer Kirche engagieren, die ihn ablehnte. Er legte all seine Ämter nieder und beendete sein Engagement in seiner Pfarrei. Als er dies im Pfarrgemeinderat verkündete, konnten das einige gar nicht nachvollziehen. Sie fühlten sich als Pfarrei so anders und besser als Rom. Rom sei doch weit weg und überhaupt habe doch das, was ein Kardinal Ratzinger in Rom veröffentliche, nichts mit ihnen vor Ort zu tun. Der Zusammenhang zwischen Pfarrei, Bistum und Weltkirche war für einige nicht mehr greifbar und sie wollten ihn auch nicht greifen. Ich konnte meinen Freund verstehen – und ich kann die Menschen in der Pfarrei verstehen. Das ist eine Überlebensstrategie. Man will Christ vor Ort sein und sich nicht ständig für sein Engagement in Kirche vor Arbeitskollegen, Nachbarn, Freunden und vielleicht auch vor Familie rechtfertigen. Dazu vielleicht wirklich die Überzeugung, Ortskirche sei genug und Weltkirche überflüssig. Katholisch im eigentlichen Wortsinne nur noch in den Dokumenten.

Haben wir also die Einheit, die wir so gerne betonen, längst verloren? Ist die Angst vor der Spaltung, mit der man gerne versucht, Veränderungen klein zu halten, nicht schon längst von einer inneren Spaltung eingeholt, die nur äußerlich (noch) nicht vollzogen ist?

Habe ich dieses Katholischsein, diese Einheit erlebt? Ich glaube schon. Der sonntägliche Kirchgang in meiner Familie beispielsweise war eine feste Instanz und es spielte keine Rolle, ob wir zu Hause waren oder im Urlaub. Ende der Achtzigerjahre waren wir in einem Ferienhaus im Südwesten Frankreichs in der Nähe des Atlantiks. Es war der Sommer, bevor ich mit dem Französischunterricht starten sollte. Ich erinnere mich natürlich nicht mehr an den Gottesdienst, den wir selbstverständlich besuchten. Doch ich erinnere mich sehr wohl daran, dass mir bei diesem Gottesdienst und bei unseren anschließenden Gesprächen in der Familie klar geworden ist, dass man als Katholik weltweit irgendwie immer »dazugehört«. Selbst wenn man die Sprache nicht spricht, kennt man sich aus, fühlt man sich irgendwie daheim.

Diese Erfahrung habe ich im Lauf meines Lebens noch oft machen dürfen und als Priester empfand ich das sogar noch mehr so. Ich erinnere mich an bewegende Gottesdienste in den USA, in Taizé und in Brasilien beim Weltjugendtag, in Indien am Grab von Mutter Teresa und in Ruanda, aber genauso auch mit internationalen Gästen hier bei uns im Dom und in Pfarreien. Ja, und natürlich zählen auch die großen Gottesdienste mit dem Papst bei Weltjugendtagen und in Rom selbst dazu. Dabei habe ich Weltkirche nicht nur in den liturgischen Feiern erlebt, sondern ich empfand es auch immer als spannend, wenn Teilkirchen und Regionen Papiere und Stellungnahmen verabschiedeten, wenn der Lateinische Patriarch von Jerusalem auf die Situation der Christen im Heiligen Land aufmerksam machte oder wenn Frauen wie Mutter Teresa sich so bedingungslos für die Armen einsetzten, wie sie es tat. Die so erlebte Weltkirche erinnerte mich auch immer daran, dass wir unsere Probleme in Speyer und in Deutschland nicht so absolut setzen dürfen und wie wichtig es ist, über den eigenen Tellerrand hinauszublicken. Ich fand all das immer einleuchtend.

Das Papstamt war für mich trotz aller Überhöhung seit dem 19. Jahrhundert eine immens wichtige Instanz. 1997 im Oktober fuhr ich mit ein paar Kommilitonen aus Mainz zu einer Priesterweihe nach Rom. Bischof Lehmann hatte uns ein Empfehlungsschreiben mitgegeben und so bekamen wir an einem Nachmittag die Nachricht, dass wir am kommenden Morgen die Frühmesse mit dem Papst feiern würden und es im Anschluss eine Begegnung mit ihm gäbe. Wir waren so aufgeregt und angespannt. Wir diskutierten heftig darüber, wie wir uns anziehen sollten. Von Soutane über Collarhemd bis hin zum normalen Hemd mit und ohne Krawatte. Niemand setzte sich durch und jeder ging so, wie er sich wohlfühlte, und ich finde das rückblickend eigentlich toll, dass wir uns diese Offenheit bewahrt haben. Ein anderes wichtiges Thema war der Kniefall und der Ringkuss. Einige erklärten wortreich, dass dies unbedingt sein müsse; für andere kam das auf keinen Fall infrage.

Wir machten uns frühmorgens auf den Weg zum Vatikan. Rom war noch nicht wirklich wach, als wir uns langsam dem Petersplatz näherten. Wir sollten zur Portone di Bronzo kommen. Wir stiegen die Treppen empor und ich konnte es immer noch nicht glauben. Wir wurden eingelassen, liefen durch eine Flucht von Gängen und Treppen, über einen Innenhof, bis wir in einer kleinen Bibliothek zusammen mit anderen Gästen warteten. Dann kam Erzbischof Stanislaw Dziwisz und begrüßte uns. Er gab uns noch ein paar Anweisungen für den Gottesdienst und besprach das Liedprogramm, man hatte uns mitgeteilt, dass wir zwei bis drei Lieder vorbereiten sollten. Danach ging es in die Privatkapelle des Papstes. Johannes Paul II. war damals schon ein alter und gebrechlicher Mann. Er saß in der Mitte des Raums auf einem Stuhl und vor sich hatte er einen Betschemel. Der Raum war hell und modern. Der Papst im Messgewand und in der ersten Reihe auf beiden Seiten saßen Priester in Albe und Stola. Neben den Gästen nahmen noch zwei Ordensfrauen und möglicherweise noch weitere Mitglieder des päpstlichen Hauses teil.

Im Anschluss an den Gottesdienst versammelten wir uns in der kleinen Bibliothek, der Papst kam: in seiner weißen Soutane, von seiner Krankheit schon ganz gebeugt. Ich glaube, niemand konnte ihm den Ring küssen, weil er das gar nicht wollte, und auf einmal stand er vor mir. Er streckte mir seine Hand entgegen und als ich zudrücken wollte, spürte ich den kleinen Rosenkranz, den man mit dem Handschlag bekam. Er sagte zu jedem noch etwas und schon war es wieder vorbei. Alles so schnell und dennoch bewegend. Und obwohl ich mich auch theologisch und kirchlich an diesem Papst gerieben habe, dieser gemeinsame Gottesdienst war etwas Verbindendes. Da war das Kind in mir, das einfach diese heile, schöne, gut strukturierte katholische Kirche suchte und wollte. Und er, der Papst, war dafür der Garant.

Nur: Kaum waren wir wieder draußen und auf dem Weg zu einem Café, waren auch meine Anfragen wieder da. Gerade die Überhöhung des Papstamtes im Ersten Vatikanischen Konzil haben zu einer Pervertierung dieses Dienstamtes geführt. Manche Fehlentwicklung, die unter Pius IX. entstanden war, wurde zwar im Zweiten Vatikanischen Konzil etwas korrigiert, doch das Papstamt ist, gerade auch im ökumenischen Dialog, mehr Hindernis und Blockade als Aufbruch auf einen gemeinsamen Weg aller Christinnen und Christen. Dabei wäre genau das heute mehr als zwingend notwendig. Papst Johannes Paul II. hatte die Bestrebungen einer Reform des Papstamtes zwar geäußert, aber in den langen Jahren seines Pontifikats gab es nur ungenügende Fortschritte und eine echte Reform kann ich zumindest nicht erkennen. Papst Benedikt XVI. hat mit seinem Rücktritt wiederum gezeigt, dass man das Papstamt vielleicht generell ganz anders denken kann – auf Zeit. Und auch Papst Franziskus hatte schon früh in seinem Pontifikat ausgedrückt, dass er die Notwendigkeit einer Neugestaltung des petrinischen Amtes sieht. Nachdem die

Kurienreform jetzt abgeschlossen ist, könnte hier etwas passieren, aber ich glaube, dieser Papst sollte nicht mehr allzu lange damit warten. Gerade die Kurienreform hat gezeigt, wie lange und steinig römische Wege sind. Insbesondere die Forderung des Zweiten Vatikanischen Konzils nach einer Stärkung der Bischofskonferenzen und Teilkirchen hat sich bis heute nicht erfüllt, es wurde eher im Gegenteil noch mehr Entscheidungskompetenz den einzelnen Bischöfen weggenommen und in die Entscheidungsbefugnis römischer Dikasterien gegeben. Ganz eklatant ist das oft bei der Besetzung von Lehrstühlen. Früher konnten die jeweiligen Diözesanbischöfe dabei eigenständig handeln. Unter den Pontifikaten von Johannes Paul II. und Benedikt XVI. herrschte aber ein derart ungutes Klima des Misstrauens gegenüber den eigenen Bischöfen, dass man die Erteilung der Unbedenklichkeitsbescheinigung *Nihil obstat* kurzerhand nach Rom holte. Diese Bescheinigung ist für eine Lehrstuhlbesetzung zwingende Voraussetzung und wird durch die Bildungskongregation erteilt. Das Verfahren ist äußerst intransparent und was genau zur Erteilung gebraucht wird, ist für die Betroffenen meist nicht erkennbar. Dadurch wird Druck erzeugt und die Freiheit von Wissenschaft und Forschung wird eingeschränkt. Früher waren davon meist Frauen betroffen, die sich nicht wie gewünscht zum Verbot der Frauenordination im Sinne von *Ordinatio sacerdotalis* äußerten. Heute scheint die Themenpalette breiter zu werden, der »Fall Wucherpfennig« ist ein trauriges Beispiel dafür.

Zu einer Kirche zu gehören, die behauptet, »katholisch« zu sein, und dies als Weltkirche auch lebt, ist ein echter Wert. Ich finde es beeindruckend, wie Papst Franziskus das Kardinals-

kollegium weiter zu einem internationalen Kollegium um-
gestaltet und sich so auch wirklich das »Katholische« in den
einzelnen Führungsebenen widerspiegelt.

Weltkirche bedeutet aber auch, dass sie unterschiedliche Themen hat, weil die Menschen, die diese Weltkirche ausmachen,
unterschiedliche Themen haben. In vielen Ländern und Regionen herrscht dabei eine Heteronormativität vor, die kaum
Raum lässt für Geschlechtergerechtigkeit und Emanzipation,
von Fragen nach sexueller Identität oder sexueller Orientierung ganz zu schweigen.

Und genau an dieser Stelle wird der Reichtum einer Weltkirche zum Totschlagargument.

Ja, wir sind »katholisch« und das ist auch gut so. Doch wir
beten im Glaubensbekenntnis nicht, dass wir an die römisch-
katholische Kirche glauben. Natürlich ist auch unser römi-
sches Erbe und die damit verbundene Tradition ein wichtiger
Bestandteil unserer Kirche, aber unter dem Oberhaupt des
Papstes ist sie mehr als nur die lateinische Kirche und dessen muss man sich wieder neu bewusst werden – und endlich
mehr als Weltkirche leben und handeln. Warum sollen denn
auch alle Teilkirchen alles gleich machen? Gerade mit den
unierten Kirchen haben wir 900 Jahre Erfahrung mit einer
großen Eigenständigkeit. Hier steckt noch so viel mehr Potenzial für eine echte Weiterentwicklung der Kirche im Ganzen.
Und zwischenzeitlich könnte ich Erzbischof Dyba sagen, dass
ich sehr wohl unierte verheiratete Geistliche kennengelernt
habe.

Eine Kirche, die sich nach gesellschaftlichen Gegebenheiten ausrichtet und weltweit alles gleich macht, wäre immer gezwungen, sich nach den Langsamsten auszurichten. Kirche würde immer nur Getriebene sein. Soll das immer so weitergehen? Müsste es nicht genau andersherum sein: Kirche richtet sich nach Jesus Christus aus und seiner befreienden Botschaft. Diese Botschaft war vor 2000 Jahren visionär und ist es heute noch, diese Botschaft fordert heraus zur Veränderung. Kirche muss also weitgehende Forderungen postulieren. Das wird im Kontrast zu Teilen oder sogar ganzen Gesellschaften stehen, die beispielsweise in Sachen Emanzipation und Gleichberechtigung, queerer Liebe oder Frauen in Weiheämtern andere Einstellungen haben. Einstellungen, die nicht vereinbar sind mit dem Gedanken an die Gotteskindschaft jedes Menschen und der Gleichheit aller. Kirche muss dann trotzdem bei der Forderung an diese Teile der Gesellschaft (und von Kirche) bleiben, selbst wenn es zum Konflikt kommt und diese Prinzipien in einem Land nicht oder noch nicht gelebt werden. Wenn Kirche aber die eigenen Erwartungen immer an den Langsamsten ausrichtet, dann entwickelt sich gar nichts. Denn jene, die schon viel weiter wären, gehen einfach, und das zu Recht. Sie gehen, weil sie die christliche Botschaft so verdunkelt vorgelebt bekommen, dass sie von dieser Kirche nichts mehr erwarten. Kirche tut weltweit viel, aber könnte hier sicher noch mehr tun. Wenn sie sich selbst treu und eine visionäre Jesusbewegung bleibt.

Ist also das »Weltkirche-Sein« das Problem? Nein. Es ist eine Herausforderung und ein hohes Ziel. Doch an sich ist es nicht das Problem, sondern ich habe vielmehr den Eindruck, dass Weltkirche oft benutzt wird, um das eigene Beharren in den lieb gewonnenen Traditiönchen und Traditionen bloß nicht verändern zu müssen. Dies ist eher ein Problem mit der »Zentrale« in Rom und nicht mit der Weltkirche in ihren Teilkirchen. Ich habe den Eindruck, dass Franziskus dieses »Zentrale«-Denken der römischen Kirche durchbrechen will, aber der Apparat hat einen langen Atem und hat schon viele Päpste kommen und gehen sehen. Man sitzt so etwas aus und die Kirche geht daran kaputt. Mir fällt in diesem Zusammenhang ein kirchenrechtliches Seminar bei Ilona Riedel-Spangenberger an der Universität in Mainz ein. Es ging um die Kurienreform *Pastor bonus* und die römischen Dikasterien. Sie sagte damals ein bisschen im Scherz zu den Priesteramtskandidaten im Raum: »Sollten Sie in der Kirche mal etwas mit Leitung zu tun haben, dann überlegen Sie sich gut, wen Sie schicken. Wenn Sie nur jene nach Rom schicken, die Ihnen hier auf die Nerven gehen, dann dürfen Sie sich nicht wundern, was Sie für Antworten aus Rom zurückbekommen.« Seit ich Generalvikar bin und das eine oder andere Schreiben der Glaubenskongregation oder auch manche Äußerung lese, die deutsche Kardinäle im Ruhestand verfassen, muss ich an diesen Spruch der Professorin denken, die leider viel zu früh verstorben ist. Natürlich machen viele Menschen in Rom eine gute Arbeit. Trotzdem glaube ich, dass der Fehler in einem Grundmisstrauen gegenüber den einzelnen Teilkirchen besteht, so wie in der Hybris zu glauben, dass man von Rom aus immer besser weiß, was die Menschen in den einzelnen Teilen der Welt brauchen. Wird hier nicht umgedacht, bleiben Hybris und Grundmisstrauen, wird sich Kirche nicht verändern.

Nach so vielen Jahren als Priester glaube ich leider nicht, dass dieses Umdenken wirklich stattfindet. Ich sehe die guten Ansätze des Papstes, aber ich sehe leider auch die Beharrlichkeit, Veränderungen auszusitzen. Und ich sehe, dass das Problem nicht nur in Rom seine Wurzeln hat. Wenn ich erlebe, wie deutsche Bischöfe selbst nach der Offenlegung der MHG- und anderer Studien noch nicht verstanden haben, wie dramatisch die Situation der Kirche ist, dann gibt mir das wenig Hoffnung, dass der Weltepiskopat auf der neuesten Bischofssynode einen ganz anderen Weg einschlägt. Vielleicht braucht es wirklich ein Konzil. Aber vielleicht müsste man zuerst einmal den Mut haben, darüber nachzudenken, ob es angemessen ist, dass über die Zukunft der Kirche alleine Bischöfe entscheiden. Natürlich können Theologinnen und Theologen und Frauen und Männer anderer Disziplinen die Bischöfe wie bisher auch schon beraten. Doch was soll sich ändern, wenn die Entscheidung am Ende alleine bei den Männern liegt? Ich halte dies für den ersten großen Webfehler im Geflecht der Kirche. Wenn Kirche letztlich Frauen und nicht geweihte Männer ausschließt von Entscheidungen, dann würden diese Stimmen auch auf einem Konzil fehlen. Es braucht die Stimmen von Frauen und Männern, von Verheirateten und Unverheirateten, von Geweihten und Ungeweihten, von Heterosexuellen und Queeren, von Müttern, Vätern und Kinderlosen, von Jungen und Alten. Kirche ist bunt und vielschichtig – und das zeigt sich leider nicht im Einzug bunter Soutanen, Messgewänder oder Mitren.

Ich habe in den letzten Jahren meine Hoffnung verloren, dass sich hier etwas ändert. Das schmerzt, weil ich einsehen muss, dass ich meine Hoffnung, Kraft und Energie auf etwas gesetzt habe, an das ich nicht mehr glauben kann. Ich habe nicht den Glauben an Gott verloren und auch nicht die Freude und den Trost, den mir das Evangelium immer wieder neu schenkt. Ich habe die Hoffnung auf Veränderung dieser Kirche verloren. Das tut weh. Vor ein paar Wochen war ich zusammen mit einem jungen Priester in einer Sakristei. Der Priester dankte mir ehrlich und aufrichtig für mein Engagement und sprach davon, wie dankbar und froh er sei, dass ich da bin und meine Stimme erhebe für Veränderung. Mir blieb die Luft weg. Ich wusste nicht genau, was ich sagen sollte, denn ich hatte die Hoffnung selbst nicht mehr. Ich dankte ihm und lobte sein Engagement und seinen Einsatz für die Jugend. Dann hielt ich kurz inne und sagte: »Mir geht die Kraft aus. Bewahre du dir diese Hoffnung, dass Veränderung möglich ist.« Im gleichen Augenblick kam jemand rein und das Gespräch endete.

Wenn die Weltkirche sich nicht ändert, was bleibt uns dann in Deutschland? Dem Synodalen Weg wird ja oft vorgeworfen, er trage zu einer Kirchenspaltung bei. Ja, es mag sein, dass das tatsächlich geschieht. Doch vielleicht muss das sein. Bei allen Konzilien in der langen Geschichte unserer Kirche gab es immer wieder Menschen, die einen Weg, der von der Kirche als wahr und richtig erkannt wurde, nicht mitgehen wollten. Ich will einer Spaltung nicht das Wort reden. Und ich wünsche der Kirche, dass diese Spaltung nicht geschieht. Doch Angst und Sorge vor einer Spaltung darf uns doch nicht davon abbringen, Ungerechtigkeiten, Diskriminierung und Ähnliches auch als solches zu benennen. »Uns« schreibe ich in diesem Zusammenhang noch immer. Denn es gilt unabhängig von meiner Konfession für alle Christenmenschen.

Was wäre die Alternative? Augen zu und weitermachen, als hätte man aus den ganzen Studien, den Skandalen, den massiven Austrittszahlen nichts gelernt? Lassen wir einfach weiter zu, dass institutionelle Strukturen Missbrauch ermöglichen und manchmal sogar begünstigen? Ist es uns egal, dass wir Frauen in ihrer Berufung nicht ernst nehmen und uns weiter auf den Standpunkt zurückziehen, dass wir nun einmal keine Vollmacht dazu hätten, Frauen zu weihen? Wollen wir das? Nehmen wir es hin, dass Männer nicht geweiht werden können, weil sie auch eine Ehe leben wollen? Ist es uns egal, dass Menschen bei uns diskriminiert werden, weil sie queer sind? Das kann doch nicht der Weg sein. Und wenn dies der Weg ist, dann findet auch Spaltung statt – von all den Hunderttausenden, die bereits gegangen sind und noch gehen werden. Das wäre wie beim Höhlengleichnis des Platons und denen, die das Licht gesehen haben. Nur in der Kirche würden sie sich danach wieder wünschen, in die Höhle zurückzudürfen und sich erneut anketten zu lassen. Wollen wir das? Die Wahrheit macht uns frei und ich sage nicht, dass ich weiß, wohin der Weg führen wird. Aber ich wünsche mir, dass wir nach der Wahrheit suchen und nicht aus falscher Rücksichtnahme vor einer möglichen Spaltung den Mund halten und die Wahrheit nicht benennen. Ich wünsche dieser Kirche sehr, dass sie den Mut hat, einen anderen Weg zu gehen. Ich habe in meinen 47 Jahren in dieser Kirche großartige Frauen und Männer erlebt, Geweihte und Nichtgeweihte, im Ordensstand, als Single, verheiratet oder verpartnert, und ich bin sicher, dass da ein großes Potenzial da ist, diese Kirche in eine neue Zukunft zu führen, angstfrei und geisterfüllt. Leider ohne mich. Mir fehlen Hoffnung, Mut und, ehrlicherweise, auch Kraft. Vermutlich hätte ich im Amt auch nie so viel Klartext sprechen können – oder wäre dann mein Amt sehr schnell los gewesen.

Ratten verlassen das sinkende Schiff

Ohne mich. Wie diese Worte klingen. In meinen eigenen Ohren und sicherlich in denen vieler, auch solcher, die nicht verstehen, dass ich nicht weitermachen kann. Ich weiß das. Und bei dem Gedanken daran muss ich an eine Situation oder vielmehr an einen einzigen Satz denken, der mir wieder ein kleines Stück Hoffnung geraubt hat und viel von dem aufzeigt, was jetzt Veränderung verhindern könnte. Mit Veröffentlichung der MHG-Studie schnellten damals die Austrittszahlen auf ein neues Hoch in Deutschland. Die Entscheidung Roms, die Segnungen homosexueller Paare zu verbieten, das Bekanntwerden von Skandalen und Missbrauchsfällen in den Erzbistümern Köln und München, aber auch bei uns in Speyer, haben die Erosion weiter beschleunigt. 2021 traten so viele Menschen aus unserer Kirche aus wie noch nie zuvor und in den ersten Monaten dieses Jahres übertrafen die Austrittszahlen noch einmal die Höchststände des Vorjahres. In einem Gespräch, in dem ich mein Entsetzen über diese Entwicklung äußerte, hörte ich jenen Satz zum ersten Mal: »Die Ratten verlassen das sinkende Schiff.« Ich war geschockt. Ich sagte das auch ganz deutlich. Wie konnte man so etwas sagen angesichts der furchtbaren Verbrechen, die durch Kleriker begangen und durch Kirchenleitungen gedeckt und sogar weiter ermöglicht wurden? Was der Sprecher natürlich nicht wusste, war, dass ich längst über meine eigene Zukunft in dieser Kirche nachdachte. War ich auch eine Ratte? Die Situation des Speyerer »Schiffes«, das von den »Ratten« verlassen wurde, war in jenen Tagen kompliziert. Krankheitsbedingt fiel der Bischof sieben Monate aus und ich war mit der Administration beauftragt. In unserem Bistum firmen traditionell nur der Bischof und die Weihbischöfe. Jetzt mussten die Domkapitulare und ein paar andere Speyerer Priester einspringen. Ich tat dies eigentlich sehr gerne, denn mir war die Arbeit mit Kindern und Jugendlichen immer sehr wichtig. Zeitgleich lief eine Aktion, die auf die Initiative unseres Bischofs zurückging: Pastoralbesuche in der Corona-Zeit. Es sollte dabei Begegnungen mit Frauen und Männern in den Räten der Pfarrei geben, Treffen mit den Pastoralteams und nach Möglichkeit der Besuch einer sozialen Einrichtung auf dem Gebiet der Pfarrei. Sinn war nicht, die Pfarrei zu visitieren, sondern vielmehr zu hören, wie es den Menschen in diesen Corona-Tagen erging, und ihnen Mut und Kraft zuzusprechen.

Wie gesagt, beides tat ich gerne. Seelsorge gehört nicht zum normalen Alltag eines Generalvikars. Bei diesen Begegnungen wurde mir erst so richtig bewusst, wie viel Hoffnung die Menschen in mich und den Synodalen Weg setzten. Bei den Predigten zu den Firmungen rief ich immer wieder dazu auf, sich in der Kirche einzubringen, etwas zu verändern. Ich erklärte, wie notwendig das Engagement für die Kirche sei, und gleichzeitig spürte ich, dass ich das selbst immer weniger glaubte. Diese Diskrepanz war brutal. Bei den Gremienabenden dann dankte man mir zumeist für meinen Widerspruch gegen das Segnungsverbot und es schwang so viel Dankbarkeit mit. Wieder brutal. Zwei Mal kamen im Anschluss an einen

Gottesdienst, den ich in diesen Pfarreien gehalten hatte, ältere Frauen auf mich zu, die mir mit Tränen in den Augen sagten, dass sie mir so dankbar seien, weil sie immer den Eindruck hatten, durch ihr Bleiben in der Kirche sich nicht ehrlich zu ihren homosexuellen Söhnen zu bekennen. Eine erzählte mir ihre ganze Geschichte dazu. Bei der Heimfahrt liefen mir die Tränen über die Wangen, denn ich empfand so viel Scham und Ekel für das, was wir als Kirche Menschen antun.

All das bewegte mich seit Monaten und plötzlich sprach da jemand von »Ratte«. Ich empfinde mich nicht als Ratte. Ich sehe das Schiff auf Kollisionskurs mit einem Eisberg und dass die Leute auf der Brücke den Kurs nicht ändern wollen. Bleibt mir dann nicht nur noch eines der Rettungsboote? Bin ich nicht mit schuld, bestärke ich nicht durch mein Bleiben in der Mannschaft die, die da auf den Eisberg zuhalten? Ja, ich will dieses Schiff verlassen. Doch nicht als Ratte, sondern als Mensch und Priester.

Vor die Wand gefahren

Ich habe in meinem Arbeitszimmer unzählige Bücher, die seit der Würzburger Synode in den letzten Jahrzehnten veröffentlicht wurden. Diese vielen Dokumente zeigen, dass sich so dringend etwas ändern muss und dass sich nicht genügend ändert. Kosmetische Veränderungen waren dabei, aber wirklich tief greifende sind ausgeblieben. Das ist eine wahre Sammlung all der vielen »heißen Eisen« von denen ich oben schon gesprochen habe. Und wie ebenfalls bereits geschrieben: Heiß sind jene Eisen schon lange nicht mehr. Das merke ich vor allem immer dann, wenn ich mit Menschen spreche, die mit Kirche nichts oder kaum etwas am Hut haben. Kaum einer kann mit unseren Themen noch etwas anfangen, und viele verstehen auch gar nicht mehr, über was wir da reden und diskutieren.

Ich habe in den letzten Monaten viel mit anderen Generalvikaren, Theologinnen und Theologen und Freunden über diese Fragen gesprochen und dabei ist mir immer deutlicher geworden, wie sehr ich und vermutlich die meisten Menschen von einer linearen Entwicklung ausgehen: Jetzt kommt der Synodale Weg, dann die Weltsynode und dann hoffentlich ein Konzil und dann die Veränderung. Für mich kommt aber etwas vorher: die Einsicht, dass unsere Kirche voll in einer Sackgasse und kurz davor ist, vor die Wand zu fahren. Mehr noch: dass sie vor die Wand fahren muss. Es gibt nur ein Zurück. Es gilt, den Klerikalismus und Traditionalismus zu überwinden und damit wohl zuerst das Erbe des Ersten Vatikanischen Konzils. Ich habe dieses Konzil lange gar nicht sonderlich beachtet, denn das Zweite Vatikanische Konzil hat ja manche Fehlentwicklung, so dachte ich, behoben. Heute denke ich anders darüber.

Ich feierte im Speyerer Dom wöchentlich eine Werktagsmesse am Pfarraltar. Vom Priestersitz aus sind es nur wenige Meter bis zur Grabplatte von Bischof Daniel Bonifaz von Haneberg. Mir war jener Haneberg, der zuerst Abt von St. Bonifaz in München und später bei uns Bischof war, lange gar nicht bekannt, aber durch das regelmäßige Beschreiten seiner Grabplatte gewann ich Interesse an seiner Person und befasste mich in den letzten Monaten intensiver mit ihm. Haneberg war zusammen mit Ignaz Döllinger Professor für Theologie an der Ludwig-Maximilians-Universität in München. Während Döllinger anfänglich noch sein Lehrer war, wurde er über die Jahre zu seinem Freund. Beide, Döllinger und Haneberg, waren in Opposition zum Unfehlbarkeitsdogma des Ersten Vatikanischen Konzils. Während allerdings Döllinger bei seiner ablehnenden Haltung blieb, kam Haneberg zusehends in einen Gewissenskonflikt. Abt Haneberg war beim Konzil noch kein Bischof, sondern als theologischer Berater dabei. Immer mehr der achtzig Oppositionsbischöfe, die Rom frühzeitig verlassen hatten, unterwarfen sich im Nachgang nun doch dem Papst und den Konzilsbeschlüssen. In diesem Zusammenhang gibt es einen interessanten Briefwechsel zwischen Abt Haneberg und dem Bischof von Rottenburg, Karl Joseph von Hefele: Darin stellte sich Haneberg sachlich auf den Standpunkt Döllingers, dass die Kirche der ersten acht Jahrhunderte die päpstliche Unfehlbarkeit nicht gekannt habe. Er zog den Schluss: »Ist es möglich, bis zum 18. Juli etwas für unwahr und von da an für wahr zu halten? Was ist zu thun? Theoretisch gibt es für uns, die wir katholisch leben und sterben wollen, nur zwei Wege: der Eine führt zur Bezweiflung und Bestreitung der Gültigkeit des Concils, der Andere zur Unterwerfung. […] Wer will es, theoretisch die Sache auffassend, leugnen, dass man die Aechtheit und Gültigkeit des letzten vatikanischen Beschlusses bestreiten könne? Doch diese theoretische Möglichkeit wird durch den thatsächlichen Bestand der Dinge aufgehoben, es bleibt nichts übrig als Unterwerfung.«

Am Ende unterwarf sich auch Haneberg, getragen von dem Wunsch, dass es nicht zu weiterer Verunsicherung unter den Gläubigen komme. Er wurde im Bistum Speyer zu einem leidenschaftlichen Kämpfer für den römischen Weg und setzte sich nicht nur in seinem Hirtenwort von 1874 stark gegen die aufstrebende alt-katholische Bewegung ein, um die Einheit zu wahren.

Ich habe den Eindruck, dass Haneberg sehr darunter litt, dass Döllinger, obwohl dieser nie der alt-katholischen Kirche beigetreten ist, doch seit dem Konzil in Trennung von der römischen Kirche lebte. Haneberg, da schon Bischof von Speyer, schrieb ihm am 6. Februar 1875 und versuchte ihn dazu zu bringen, sich klar von der alt-katholischen Bewegung loszusagen, die »nur von der Verneinung lebe [und] in vielen Gemeinden der Pfalz, Badens und der Schweiz unsägliche Verwirrung« anrichte. Hanebergs Versuch scheiterte, Döllinger ließ sich nicht mehr umstimmen.

Beide Männer haben mich in den letzten Wochen und Monaten sehr beschäftigt. Zum einen Bischof Haneberg, durchdrungen vom Wunsch nach Einheit mit dem Papst. Dass dieser Wunsch und dieses Bedürfnis so groß waren, dass er bereit war und man bereit ist, etwas zu glauben, was man noch am Tag zuvor für unwahr gehalten hat, das beeindruckt mich sehr. Und dann auf der anderen Seite Döllinger, der schlussendlich bereit war, für seine Überzeugungen so einzutreten, dass er mehr und mehr isoliert war. Getrennt von der römischen Kirche, aber auch nicht bereit, sich der alt-katholischen Kirche anzuschließen. Auch das: brutal.

In beiden Männern finde ich mich in diesen Tagen wieder. Von Tag zu Tag fällt es mir schwerer, mich mit der römischen Kirche zu identifizieren, und ich ertrage vieles nicht mehr. Zugleich treibt mich die Frage um, ob ich nicht um der Einheit willen lieber schweigen sollte. Pfarrgemeinderäte und viele einzelne Menschen aus Verbänden und Pfarreien schreiben mir, sie seien so dankbar für meine Äußerungen und Überzeugungen und dass ihnen das Mut, Hoffnung und Zuversicht gebe. Wäre es daher nicht besser zu schweigen, um sie nicht zu »verwirren«, so wie es Haneberg tat? Welche Überzeugung wiegt schwerer, und muss ich dieses Opfer letztlich nicht bringen um der Menschen und der Einheit willen?

Ich frage mich auch, weshalb Döllinger nie in die alt-katholische Kirche eingetreten ist. Döllingers Leben und Wirken werden sehr unterschiedlich bewertet, je nachdem, ob man eher von einem römisch-katholischen Verständnis oder einem alt-katholischen auf sein Leben blickt. Ich habe allerdings den Eindruck, dass in der neueren Literatur hier eine starke Annäherung geschieht.

Und es bleiben für mich Fragen an die alt-katholische Kirche: Sicher ist das heute eine ganz andere Kirche als jene alt-katholische Bewegung nach dem Ersten Vatikanischen Konzil. Trotzdem frage ich mich, weshalb mir diese Kirche kaum begegnet ist. Ich hatte einmal als Kaplan in Landau im Rahmen eines ökumenischen Gebets im Stil von Taizé mit dem alt-katholischen Pfarrer zu tun. Lag es an mir, dass ich sie ansonsten nie bemerkt habe? Warum ist diese Kirche so klein und unscheinbar geblieben, obwohl ich sehe, dass man viele

drängende Themen dort schon längst bewusst und aktiv an-
gepackt und gut gelöst hat? Ich habe den Eindruck, dass diese
kleine alt-katholische Kirche nicht in der Sackgasse steckt,
sondern ihren Weg geht und dabei wächst und größer wird –
doch weshalb weiß man nichts darüber? Und: Wenn es dieser
kleinen Kirche gelungen ist – und scheinbar immer wieder
gelingt –, wird es dann auch der großen römisch-katholischen
Kirche gelingen, sich aus der Sackgasse zu befreien?

Und jetzt?

Ich habe irgendwann angefangen, all das aufzuschreiben, was mich bewegt, weil ich gemerkt habe, dass ich für mich Klarheit brauche, wie es weitergeht – wie es für mich weitergeht. Seit meinem Rücktritt am 13. Mai wird nun viel spekuliert, ob ich mit dem Buch nicht besser noch gewartet hätte. Nein, für mich muss das Buch raus. Es ist der Weg zu meiner Entscheidung; und es ist ein Ringen und ein Kapitel in meinem Leben, welches ich abschließen will. Ich will mich nicht noch Monate damit beschäftigen, sondern ich will nach vorne schauen - ohne die Vergangenheit zu verneinen, denn sie wird immer ein Teil von mir sein.

Ich habe dieser Kirche unglaublich viel zu verdanken. Ich habe hier meinen Glauben kennengelernt und dieser Glaube trägt mich und gibt mir Halt. Ich habe auf meinem Glaubensweg großartige Menschen kennenlernen dürfen und manche sind mir zu guten und verlässlichen Freunden geworden; angefangen bei den Messdienern, im Priesterseminar in Mainz und später in Speyer, an der Johannes-Gutenberg-Universität in Mainz und an der University of St. Thomas in St. Paul/MN (USA). Mich hat mein Spiritual, Pater Helmut Schmitt SJ, stark geprägt und auch viele andere Priester und pastorale Mitarbeitende, die ich im Lauf der Jahre in den unterschiedlichsten Teams und Zusammenhängen erleben und erfahren durfte. Mich haben die Menschen bei der KjG, beim BDKJ und im Bischöflichen Jugendamt geprägt. Ich habe tolle Erinnerungen an meine Pfarreierfahrungen in Landau, Burrweiler und St. Ingbert und bin bis heute dankbar für Freundschaften, die dort entstanden sind. Ich arbeite gerne als Generalvikar in einem sehr kollegialen Miteinander mit dem Bischof. Ich habe das Glück, mit großartigen Kolleginnen und Kollegen in der Leitung des Bistums zu arbeiten, und habe in meinem direkten Umfeld tolle Mitarbeitende. Ich fühle mich dort aufgehoben und verstanden, und die Arbeit macht mir Freude. Ich schätze auch den kollegialen Austausch mit anderen Generalvikaren in den Nachbarbistümern, aber darüber hinaus mit etlichen anderen auch über die Landesgrenzen hinweg nach Frankreich, Luxemburg und in die Schweiz.

Und obwohl ich all diese vielen positiven Erfahrungen habe, ertrage ich es kaum noch, Priester in dieser römisch-katholischen Kirche zu sein. Wenn ich Artikel über den Synodalen Weg lese oder die Begeisterung und Euphorie bei »unseren« Synodalen nach der letzten Versammlung in Frankfurt erlebe, dann spüre ich, dass ich diese Freude und Zuversicht nicht mehr teile. Bei mir ist an diesem Punkt alles wie tot. Ich habe den Glauben verloren, dass es in absehbarer Zeit echte und tief greifende Veränderungen gibt.

Ich habe das im letzten Jahr ganz besonders deutlich gespürt, wenn ich vor Firmlingen stand und ihnen Mut machen wollte, sich in dieser Kirche einzubringen und sie mitzugestalten. Ich höre mich das dann sagen, doch ich spüre mein Herz und die nötige Leidenschaft dafür nicht mehr. Ähnlich fühlte ich mich beim Predigen und in Gesprächen mit Mitarbeitenden und Ehrenamtlichen. Ich wollte den Bischof unterstützen und Mut und Zuversicht verbreiten, aber in mir war diese Zuversicht nicht mehr da. Ich gewann auch mehr und mehr den Eindruck, dass ich mich verstellen müsste. Könnte ich wie Haneberg sein, ohne zu zerbrechen? Will ich das? Denn diese Kirche will meine Ansichten und meine Vorstellungen nicht. Und selbst in diesem Moment, in dem ich diese Zeilen schreibe, spüre ich Hilflosigkeit und Wut in mir aufsteigen. Wer ist denn »diese Kirche« und wer verbietet es mir? Der Papst oder die Glaubenskongregation? Viele Gläubige scheinen meine Ansichten zu teilen und auch der Synodale Weg ist – angeblich – auf einem guten Weg. Aber reicht dies? Wie oft sind Erwartungen und Hoffnungen am Ende doch immer wieder enttäuscht worden?

Vielleicht ist es Hochmut, die Erwartung zu haben, dass alles so läuft, wie ich mir das erdenke und erträume. Mag sein. Doch es ist eine Erwartung, die Hunderttausende oder gar mehr teilen. Und ich will und kann meine Überzeugungen nicht länger verstecken, verleugnen. Vielleicht wäre es zu all dem nie gekommen, wäre ich Pfarrer geblieben. Vielleicht hätte ich mir da zusammen mit den Menschen in meiner Pfarrei unsere Nische eingerichtet, und Speyer und vor allem Rom wären weit weg gewesen. Das geht aber jetzt nicht mehr. Und ich habe auch keine Lust, krank und verbittert zu werden.

Ich wollte immer Priester sein. Priester als Seelsorger für die Menschen. Ich wollte von diesem Jesus Christus erzählen, der mein Leben erlöst und so facettenreich bereichert hat. Ich wollte immer Kinder taufen und sie auf den Empfang der Sakramente (mit) vorbereiten. Ich wollte mit einer Gemeinde Gottesdienst feiern und dabei das, was wir erfahren und erlebt haben, in Gottes liebende Hände geben, wollte Erlösung feiern und Kraft und Zuspruch für die kommende Woche erflehen. Ich wollte Paare in ihrer Liebe und am Beginn ihres gemeinsamen Weges begleiten und ihnen Gottes Segen zusprechen. Ich wollte jenen, die spüren, dass sie Fehler gemacht und gesündigt haben, Gottes liebende Vergebung zusagen. Und ich wollte Menschen auf ihrem letzten Weg begleiten, Trauernde trösten und Verstorbene begraben. Aber ich will dabei mich nicht mehr verbiegen müssen, weil ich glaube, dass all dies eine Frau genauso als Priesterin machen kann. Ich will nicht nur heterosexuellen Paaren den Segen zusprechen, sondern genauso auch queeren Menschen in ihren Verbindungen. Ich will mich nicht mehr hinter verschlossenen Kirchentüren mit Paaren treffen, nur weil möglicherweise einer der beiden schon verheiratet war. Ich will nicht mehr für eine Kirche meine Kraft einsetzen, in der Mitarbeitende Angst haben, weil sie gegen eine Loyalitätsobliegenheit verstoßen. Ich will keine Angst davor haben, mich zu verlieben und diese Liebe dann auch zu leben.

Ich muss raus aus dieser Kirche, in der Missbrauchstäter viel zu lange ihre Verbrechen durchführen konnten und gedeckt wurden. Es widert mich an, was ich in den Betroffenenberichten zu lesen bekomme. Das ist nicht ihre und nicht meine Schuld, aber es ist so erbärmlich, was wir als Kirche im Ganzen für ein Bild nach außen abgeben. Kaum einer zieht Konsequenzen und tritt zurück; man verschanzt sich hinter dem Papst. Das ist nur schwer auszuhalten und kaum noch zu vermitteln.

Ich muss raus aus dieser Kirche, in der Frauen nicht geweiht werden, weil wir ihre Berufung schlicht negieren und eine Weihe als unmöglich ablehnen. In der Queere nicht wirklich akzeptiert werden und die ihre gleichgeschlechtliche Liebe nicht sein lässt. Raus aus einer Kirche, die ehern festhält am Pflichtzölibat, der viele Priester krank und vereinsamt zurücklässt oder für deren Partnerinnen oder Partner eine große emotionale Belastung darstellt.

Ich will nicht recht behalten. Im Gegenteil, ich freue mich, sollte es doch substanzielle Veränderungen geben. Ich wünsche der römisch-katholischen Kirche aus tiefstem Herzen, dass es ihr gelingt, sich aus der Sackgasse zu befreien.

Ich werde aber nicht mehr darauf warten. Ich kann es einfach nicht mehr, denn ich habe die Hoffnung und Zuversicht auf Veränderung verloren, mein Herz ist leer – ist wie tot. Aber ich will meinen Glauben, meine Berufung an Jesus Christus weiter leben. Dieser lebendige und dreifaltige Gott hat mich unendlich fasziniert und begeistert, und diese Flamme ist noch nicht erloschen. Ich gehe deshalb, um mich und meinen Glauben zu schützen.

Der Zeitpunkt ist ungünstig. Wir sind gerade dabei, im Bistum mit der Aufarbeitungskommission ein Forschungsprojekt auf den Weg zu bringen, um noch entschiedener vorzugehen gegen Missbrauch, Intransparenz und Vertuschung. Der Zeitpunkt ist auch deshalb ungünstig, weil wir das Volumen unseres Bistumshaushalts um 30 Millionen reduzieren müssen. Aber es wird nie einen guten und richtigen Zeitpunkt geben.

Ich muss gehen und ich werde meinen Weg als Priester in einer anderen Kirche suchen. Ich bin gerne katholisch und glaube daher, dass die Alt-Katholiken mir eine neue Heimat sein können. Natürlich nehme ich mich und meine Themen bei all dem mit. Mit nehme ich meine Berufung und meinen Eifer, mehr Menschen von Jesus Christus zu begeistern – und zwar so, wie ich mir das immer gewünscht habe und wie ich es so oft im Hochgebet für besondere Anlässe gebetet habe: »Mache Deine Kirche zu einem Ort der Wahrheit und der Freiheit, des Friedens und der Gerechtigkeit, damit die Menschen neue Hoffnung schöpfen.«

Ich gehe nicht mit Ärger und Wut, sondern mit einer großen Hoffnung für mich und meine eigene Berufung. Ich bitte alle um Verzeihung, die ich durch diesen Schritt enttäusche, verletze und verärgere – ich hatte einfach keine Kraft mehr. Ich wünsche jenen, die zurückbleiben, die Zuversicht und vor allem, dass sich erfüllt, was sie sich erträumen und erhoffen.

Am Ende hoffe ich aber auch, dass der Heilige Geist die Wege aller Kirchen zusammenführt im Bekenntnis zu dem einen Gott, der uns Vater, Sohn und Heiliger Geist ist. Möge Gott unsere Schritte in eine gute und gemeinsame Zukunft lenken.

Danksagung

Am Ende will ich all jenen Danke sagen, die mich ermutigt haben aus meinen ganz persönlichen Notizen ein Buch zu machen, und die mir dabei immer wieder Mut und Zuversicht geschenkt haben. Mein Dank gilt meiner Familie und guten Freunden.

Mein Dank gilt aber auch ganz besonders Simon Biallowons vom Verlag Herder. Von unserem ersten Gespräch und meinen vielen unsortierten Eindrücken, Erinnerungen und Einschätzungen bis hin zu einem echten Buch war viel Arbeit und Zeit notwendig. Ihm, als meinem Lektor, und dem ganzen Team meinen herzlichen Dank!

Mein Dank gilt auch Beatrix Dombrowski, die die vielen Presse-Anfragen aus Print, Rundfunk und Fernsehen koordiniert hat und mir seit der Bekanntgabe meines Rücktritts den Rücken freihält, damit ich überhaupt noch an dem Buch arbeiten konnte.

Ohne sie alle gäbe es dieses Buch nicht – Danke!

Wir müssen ungehorsam sein!

Thomas Frings
Sr. Emmanuela Kohlhaas

Un gehorsam
Eine Zerreißprobe

HERDER

272 Seiten | Gebunden
mit Schutzumschlag
ISBN 978-3-451-38798-2

Kaum eine biblische Geschichte fasziniert und verstört zugleich
so sehr wie die von der Opferung Isaaks. Was ist das für ein Gott,
der so etwas verlangt – und was ist das für ein Vater? Hier ent-
zünden sich Fragen, die nicht nur geistlich sind, sondern gerade
heute kirchlich und politisch: Welchen Gehorsam verlangt Kirche
und welchen brauchen wir? Wer ist heute der Isaak und was wird
für ihn getan? Bestseller-Autor Thomas Frings und Emmanuela
Kohlhaas stellen sich diesen Fragen, tauchen in deren Tiefe ein
und fördern Überraschendes zu Tage.

In jeder Buchhandlung!

HERDER

www.herder.de

Das Schweigen brechen und Neuanfänge wagen

Johanna Beck

Warum ich in die Kirche zurückkehre und das Schweigen breche

Mach neu, was dich **kaputt** macht

HERDER

192 Seiten | Gebunden
mit Schutzumschlag
ISBN 978-3-451-38991-7

Ausgeliefert, klein und machtlos – so fühlt sich Johanna Beck oftmals in ihrer Kindheit in einer heftig kritisierten katholischen Jugendgruppe. Traumatisiert durch den geistlichen und sexuellen Missbrauch, der ihr widerfahren ist, meidet sie als junge Erwachsene alles, was mit der Kirche zu tun hat. Eher zufällig führt sie ihr Weg viele Jahre später in einen Gottesdienst. Sie ist tief berührt und ihr Weg zurück in die Kirche beginnt. Inzwischen ist sie Mitglied des DBK-Betroffenenbeirats und arbeitet beim Synodalen Weg mit. Ein Buch, das aufrüttelt und Perspektiven für einen Neuanfang in der Kirche aufzeigt.

In jeder Buchhandlung!

HERDER

www.herder.de

Warum noch in der Kirche bleiben?

224 Seiten | Gebunden
mit Schutzumschlag
ISBN 978-3-451-03315-5

»Ausgeheuchelt!«, rief Stefan Jürgens in seinem Bestseller der Kirche zu, das Echo war gewaltig. Und seitdem kommen immer mehr Scheinheiligkeit und Systemversagen zum Vorschein, die Folgen sind dramatisch. Erschütternd? Ja. Zum Aufgeben? Nicht unbedingt. In seinem neuen Buch nimmt Jürgens wieder kein Blatt vor den Mund. Offen spricht Jürgens über seine Enttäuschung und erklärt, weshalb er selbst trotzdem bleibt. Er geht über Denkverbote hinweg und zeigt, was sich wirklich ändern muss – und vor allem ändern kann.

In jeder Buchhandlung!